웰다잉 교육과 문학치료

웰다잉 교육과 문학치료

발행일	2024년 5월 2일		
지은이	장경희		
펴낸이	손형국		
펴낸곳	(주)북랩		
편집인	선일영	편집	김은수, 배진용, 김다빈, 김부경
디자인	이현수, 김민하, 임진형, 안유경	제작	박기성, 구성우, 이창영, 배상진
마케팅	김회란, 박진관		
출판등록	2004. 12. 1(제2012-000051호)		
주소	서울특별시 금천구 가산디지털 1로 168, 우림라이온스밸리 B동 B113~115호, C동 B101호		
홈페이지	www.book.co.kr		
전화번호	(02)2026-5777	팩스	(02)3159-9637

ISBN   979-11-7224-097-4 03330 (종이책)   979-11-7224-098-1 05330 (전자책)

(주)북랩 성공출판의 파트너

북랩 홈페이지와 패밀리 사이트에서 다양한 출판 솔루션을 만나 보세요!

홈페이지 book.co.kr   •   **블로그** blog.naver.com/essaybook   •   **출판문의** book@book.co.kr

작가 연락처 문의 ▸ ask.book.co.kr

작가 연락처는 개인정보이므로 북랩에서 알려드릴 수 없습니다.

웰다잉 교육과 문학치료

문학을 활용한
웰다잉 교육 프로그램의
이론과 실제

장경희 지음

보다 나은 삶을 위한

죽음 바로 알기

문학에서 그 답을 찾다

 북랩

우리나라는 현재 기대수명의 증가, 고령화에 따른 노인 인구 증가와 고독사, 무연고사, 자살 등의 사회적 문제 증가로 인해 삶을 잘 마무리하고자 하는 웰다잉에 대한 관심이 높아지고 있다. 삶의 질을 높이고자 하는 '웰빙(Well-Being)'을 넘어 죽음을 잘 맞이하고자 하는 '웰다잉(Well-Dying)'의 요구가 높아진 것이다. 정부 및 지방자치단체에서도 웰다잉 문화 확산의 필요성을 인식하면서 2016년 경기도와 대전광역시를 시작으로 '웰다잉 문화조성을 위한 조례' 제정이 확산되고 있고, 2020년 서울시를 비롯하여 56개의 광역단체와 지방자치단체가 조례를 제정하였다. 또한 각 지방자치단체마다 웰다잉 문화조성을 위한 사업을 진행하고 있으며 앞으로 더 늘어날 전망이다.

현대 의학의 발달에 따라 생명은 연장되고 평균수명은 증가하였지만 존엄사, 안락사, 호스피스 등 죽음과 관련된 다양한 현상들이 주목받고 있다. 자살이 증가하고 존엄한 죽음의 권리와 바람직한 죽음 문화의 모색 등도 관심사로 떠오르고 있으며 더욱이 코로나 감염으로 많은 수의 사망자가 속출했던 시대를 겪으며 우리나라뿐만 아니라 세계적으로 더욱 죽음의 문제를 직면하고 있다.

죽음은 인간이라면 누구나 피할 수 없는 현실이며 누구나 맞이하는 생애 발달의 한 과정이지만 죽어가는 사람이 보여주는 모습은 모두 다르다. 살아온 배경이나 태도에 따라서 죽음의 모습을 달리하기 때문이다. 곧 죽음의 모습은 그 사람이 가지고 살아온 가치관, 종교관과도 밀접한 관계가 있으며 죽음의 성찰과 준비 여부에 따라 달라지는 것을 알 수 있다.

또한 죽음의 성찰로 얻게 되는 죽음에 대한 인식은 삶에 영향을 미치고 삶의 태도를 바꾸어놓는다. 그러므로 죽음에 대한 인식을 바꿀 수 있는 웰다잉 교육의 필요성이 제기되고 있다. 우리는 죽음을 직접 경험할 수는 없지만 삶과 죽음의 의미를 깊이 성찰하고, 자신과 사랑하는 사람의 죽음을 어떻게 맞이해야 하는지에 대해 준비할 수 있다. 자신에게 소중한 근원적 물음을 해야 한다. 인간은 무엇이며, 어디에서 왔다가 어디로 가는지, 인간의 가치가 무엇인지 성찰하며 사는 삶이 필요하다.

필자는 15년 전부터 죽음이 무엇인지에 관한 물음에서 시작하여 공부를 시작한 것이 웰다잉 교육 전문강사 활동으로 이어졌고, 다양한 연령대와 다양한 계층의 사람들을 대상으로 교육을 진행하였다. 중고등학생, 대학생, 중년, 노년에 이르기까지 다양한 연령대의 사람을 대상으로 대상에 맞는 교육 프로그램을 진행하였으며, 교도소 안에 있는 재소자 사회 교육, 사회복지 종사자 직무 교육, 노노케어 상담자 직무 교육, 전문강사 교육, 교회 노인 교육 등 다양한 계층의 사람들을 대상으로 강의하였다. 많은 사람들을 대상으로 한 강의와 연구를 통해 웰다잉 교육이 삶에 긍정적인 효과가 있다는 것을 확인하였고, 삶의 질 향상에 도움이 되는 것을 확증하였다. 그러나 웰다잉 교육 프로그램에 치유적인 면을 접목하는 것이 필요하다는 것을 인식하였고, 참여자들이 죽음에 관한 문제에 보다 쉽게 다가갈 수 있도록 하기 위해 설화(옛날이야기)를 활용하는 것에 주목하였다.

문학 장르 가운데 설화를 선택한 이유는, 설화는 인간의 원형적인 서사와 다의적 상징성을 가지고 있는 이야기이기 때문이다. 다양한 주제에 맞게 설화를 선정하여 프로그램에 활용함으로써 문학치료적 효과를 더하고자 한 것이다. 죽음은 직접적 경험이 불가능한 것이기에 다양한 매개물들이 필요하고, 문학작품은 죽음이라는 문제에 접근할 때 발생할 수 있는 심리적 저항을 줄일 수 있는 적합한 중간 매개체다. 그러므로 문학을 활용하는 것은 죽음에 대한 인식을 확장시키며 간접경험을 하도록 하고, 죽음의 의미와 삶의 가치를 재인식하게 하는 웰다잉 교육의 목적에 부합하다 할 것이다. 또한 삶에서 당당한 주인공으로 살아갈 힘을 되찾아준다는 측면에서 문학치료와 그 지향하는 바가 같다고 할 것이다.

그동안 웰다잉 교육 프로그램을 사회학적 혹은 철학적 주제로 구성하거나 시, 소설, 영화 등을 접목한 시도들이 있었으나 설화를 활용한 문학치료적 웰다잉 교육 프로그램은 없었다. 또한 문학치료의 분야별 연구에서도 작품 서사 분석 및 자기 서사 진단과 이론적 체계를 세우기 위한 체계 연구와 교육 관련 이론 연구, 그리고 특수 문제 서사를 대상으로 하는 우울증과 양극성 장애 등 이상심리 연구 등이 이루어져왔으나 일반인을 대상으로 하는 웰다잉 교육 프로그램은 없었다. 따라서 필자는 일반인을 대상으로 하는 웰다잉 교육 프로그램과 문학적 치료를 융합한 프로그램을 착안하여 개발하게 되었다.

　웰다잉 교육 프로그램 구성요소에 설화 작품을 활용할 수 있도록 설계하였다. 집단 프로그램 또는 일대일 상담 프로그램으로 활용할 수 있으며 12회기, 10회기, 5회기 등 다양하게 활용할 수 있도록 하였다. 이 책은 죽음에 대한 궁금증을 가지고 있는 사람들, 웰다잉 교육 전문강사가 되고자 하는 사람들, 또는 지금 강사, 학교 교사, 상담가, 복지사로 활동하고 있는 사람들이나 교육 프로그램 연구자 혹은 기관 운영자들에게 도움이 되리라 믿는다.

　웰다잉 교육은 생명의 소중함과 인간의 존엄성을 일깨우기 위한 교육이다. 죽음에 대한 올바른 이해와 긍정적인 인식을 통해 결국 죽음을 잘 맞이하고 삶의 소중함을 깨닫게 하여 진정한 행복을 누리며 살게 하는 것이 목적이다. 인생은 탄생부터 죽음까지이므로 탄생이 소중하듯 죽음도 소중하다. 죽음 역시 존중하고 준비해야 하는 것이다. 따라서 올바른 죽음관을 갖는 것이 중요하다. 웰다잉 교육을 통해 우리 사회 죽음의 질을 높이고 삶의 질이 높아지기를 소망한다.

2024년 봄
장경희

차
례

제3장

문학치료적 웰다잉 교육 프로그램

제4장

설화를 활용한 웰다잉 교육 프로그램의
개요 및 구성

제5장

설화를 활용한 웰다잉 교육 프로그램의 세부 내용

제 6 장
서사적 자기 이해와 치유

제 7 장
죽음 인식의 변화

제 8 장
프로그램 활용 방법

제1장

현대사회와 죽음

1.
죽음과 성찰

죽음은 누구나 피할 수 없고 언젠가는 맞이해야 하는, 보편적이면서도 필연적인 삶의 과정이다. 그러나 누구나 아는 사실임에도 불구하고 자신의 죽음 혹은 자기와 가까이에 있는 친지나 가족들의 죽음을 현실로 받아들이는 것은 쉽지 않다. 공포관리이론에 의하면 인간에게는 본능적으로 살고자 하는 생존 욕망이 우선하기 때문에 사는 것의 반대 개념인 죽음에 대해서 누구나 공포와 두려움을 가지고 있다. 그런 죽음의 공포는 인간 행동의 기저에 있는 주된 원동력이 되어 죽음을 초월하기 위해 예술, 종교, 언어, 경제, 과학의 발달을 이끌었다.[1)]

젊음을 유지하며 죽지 않고 건강하게 사는 것은 모든 인류의 바람이었다. 인간은 죽음을 회피하고 젊음을 유지하며 오래 살고 싶어 한다. 인간은 현실의 지금 그대로의 몸으로 불멸을 성취하려고 했다. 이렇게 만들어진 문화적 세계관은 죽음을 두려워하는 인간에게 한없는 안식을 제공해왔고, 동서고금을 막론하고 대다수의

---

1) 셜던 솔로몬, 제프리 그린버그, 톰 피진스키 지음, 이은경 옮김, 『슬픈 불멸주의자』, 흐름출판, 2016, p. 8

사람들이 육체가 사망한 후에도 자신의 존재가 실제로 어떤 형태로든 존속한다고 믿어왔다.[2] 영생을 추구하기 위해 온갖 노력을 한 진시황은 그러한 인간의 대표적인 경우이며 불로장생의 표상이 되어 인류 역사에서 전설이 되었다. 그러나 현실적으로는 현생에서 불멸이 불가능하기 때문에, 사람들은 종교를 만들고 신이나 종교의 가르침을 믿었다. 종교는 사후세계를 말하고 있기 때문이다. 인간이 죽음에 대해 가지고 있는 공포와 두려움에서 벗어나는 데 도움을 준다.

그렇다면 죽음이란 무엇인가? '죽음의 정의' 문제는 오늘날 한층 어려운 과제가 되고 있다. 전통적으로는 심장의 기능 여부가 사망 판단의 기준이었지만 오늘날 의학의 발달로 뇌의 기능이 정지된 사람도 호흡과 심장박동을 일정 기간 유지시켜주는 것이 가능해짐에 따라 환자의 사망 판정 기준이 한층 복잡한 양상을 띠게 되었기 때문이다. 죽음의 기준이 심폐사에서 뇌사로 바뀐다면, 뇌의 모든 기능이 회복 불가능하지만 생명 보조 장치에 의해 심장박동을 유지하고 있는 혼수상태의 경우 장기이식 문제와 관련해서도 중요한 변화가 생길 수 있다. 뇌사자를 사망한 사람으로 간주하게 되면 뇌사자로부터 장기를 적출하는 행위도 정당화될 수 있다. 우리나라에서도 뇌사자가 장기이식에 동의한 경우 장기 적출이 법적으로 허용되고 있다. 이러한 경우 죽음의 정의 문제를 실용적 측면에

---

2) 위의 책, p. 23

서 규정하는 것이 이치에 맞는가 하는 반론이 제기된다.[3] 그런데 이러한 논란은 그 결론이 어떻든 간에 본질적으로 한계가 있는 논쟁이 될 수밖에 없다. '죽음의 정의' 문제는 '죽음의 판정 기준' 내지 '죽음의 판정 기준에 대한 충족 여부'와는 전혀 다른 문제이기 때문이다. '죽음의 정의' 문제는 죽음 판정의 육체적 기준이 되는 의학적 판단에만 국한하는 것이 아니라 철학적·종교적·심리적 접근을 통해 폭넓게 규정해야 한다. 인간은 육체만의 존재가 아니라 영적인 존재이기에 보다 큰 차원에서 생명이 무엇인지, 죽음이 무엇인지, 영혼이 무엇인지 논의하여야 한다. 인간이 어떤 존재인가에 따라 죽음을 대하는 방식뿐만 아니라 삶을 대하는 방식이 달라질 것이기 때문이다.

미국의 정신과 의사이자 평생 죽음에 관한 연구를 한 엘리자베스 퀴블러 로스(1926~2004)는 병원에서 임종을 앞둔 환자들과의 인터뷰를 통해 죽음과 죽어감에 대해 연구하였고, 인간은 육체만의 존재가 아니라 육체적·감정적·지적·영적인 4가지 측면으로 구성되어 있다고 정의하였다. 육체적인 고통만 완화해주면 죽어가는 환자가 평화를 찾을 수 있을 거라고 생각하지만 그렇지 않다는 것이다. 인간이 육체만의 존재라면 육체적인 고통이나 불편함을 해소시켜주면 해결이 된다. 그러나 육체적으로 건강하고 고통이 없어도 영적인 고통이나 정신적 고통은 있다는 것이다. 또한 많은 환

---

3)   오진탁, 『마지막 선물』, 세종서적, 2007, p. 255

자들의 임종을 지켜본 결과 죽음은 끝이 아니라고 강조한다. 나비가 고치를 벗어던지고 나비가 되는 것처럼 죽음은 보다 높은 의식 상태로의 변화일 뿐이라고 한다.[4] 인간이 죽음이라는 과정을 거치는 것은 마치 옷을 벗듯 육체의 옷을 벗어버리는 과정이라는 것이다. 따라서 죽음의 정의도 물질적 혹은 육체적인 측면을 넘어 영혼, 정신, 삶의 의미 같은, 즉 생존 이상의 무언가가 영원히 지속되고 있음을 고려해야 한다는 것이다.

인간은 탄생하는 순간부터 죽음을 향해 가는 존재로서 한 개인의 죽음관은 삶의 과정에서 형성된다. 죽음을 어떻게 바라보는가에 따라서 삶의 태도가 달라진다. 따라서 개인의 죽음관은 반드시 세워야 하는 인생의 중요한 관점이 된다. 보편적으로 우리가 죽음을 이야기할 때 죽음이 무엇인가에 대한 정의는 인간 존재의 본질을 어디에 두느냐에 따라 달라지기 때문이다. 신체적, 심리적, 종교적, 철학적으로 죽음의 의미나 내용이 다를 수 있다. 다양한 죽음의 정의를 살펴봄으로써 우리는 사회가 죽음을 어떻게 이해하고 있는지 알 수 있을 것이다.

---

4)　위의 책, p. 258

1) 신체적 죽음

　신체적인 죽음은 생물학적인 죽음(biological death)이라고도 하며 의학적으로 몸(신체)의 죽음이다. 생명체가 활동을 멈춘 상태로, 호흡이 없고 심장이 정지된 상태이며 뇌의 활동이 중지된 상태를 말한다. 생명체인 신체인 죽음은 의학적(임상적) 죽음이며 생물학적 죽음이다. 즉, 생명의 단절이며 유기체의 생명 유지에 필요한 모든 기능의 전체적이고 영구적인 정지를 의미한다. 생물학적인 죽음은 소생술을 하지 않거나 소생술의 효과가 없을 때 필연적으로 나타난다. 순환기가 돌지 않는 상태로 뇌의 신경과 모든 조직이 괴사하는 과정이며, 동시에 진행되는 것이 아니다. 장기에 따라 괴사하기 시작하는 시간이 다르게 진행된다. 생물학적으로 보면 죽음이란 한순간에 갑자기 발생하는 사건이 아니라 '죽어가는 과정(dying process)'이다. 심장이 멈추고 뇌 기능이 정지되는 경우도 있지만 대부분의 경우 뇌 기능이 정지되고 2시간에서 14일 이내에 심폐사에 이른다.[5]

　죽음의 의학적 판정 기준이 되는 신체적 죽음은 심폐사, 뇌사, 세포사로 나눌 수 있다. 심폐사는 심장이나 폐의 기능이 불가역적으로 완전히 정지된 상태를 말하며, 심장박동의 정지 내지 호흡의 정지를 죽음으로 보는 전통적 견해이다. 뇌사는 뇌 기능이 불가역

---

5)　건양대학교 웰다잉 융합연구회, 『웰다잉의 이해와 실제』, 수문사, 2018, p. 80

적으로 완전히 정지한 상태이다. 세포사는 인간 유기체의 모든 세포의 활동이 정지된 상태를 말한다. 신체적 죽음의 근거가 되는 의학적인 죽음의 판단 기준은 변화되어왔다. 과거에는 호흡 정지, 심장박동의 정지, 피부색의 변화, 근육의 이완과 경직이 죽음 판정의 지침이었다. 오늘날에는 뇌 기능이 정지되어도 인공호흡기 등의 도움으로 호흡이나 심장박동 등의 활력을 연장시킬 수 있다. 우리가 흔히 사람이 죽었다고 할 경우에는 의학적인 죽음의 판단이 있는 경우를 말하며, 의학적 죽음의 기준은 심장이든 뇌든 신체기관의 특정 기능이 정지되고 그 정지된 기능은 불가역적이어야 한다. 즉, 한번 정지되면 되돌릴 수 없어야 하는 것이다. 죽음이란 '모든 신체 기능의 정지'이다. 죽음은 죽어가는 과정의 최종점이라고 할 수 있다. 이처럼 의학적 기준에서 신체적 죽음은 심장, 폐, 뇌 등 신체 주요 기관의 기능이 완전히 정지한 것이다. 신체의 모든 세포 활동이 완전히 멈출 때까지 기다릴 수는 없다. 따라서 심폐기능이 정지한 시각부터 30분을 관찰하고 소생술을 실시해도 회복되지 않을 때에는 그로부터 30분을 소급하여 사망시각으로 정한다.[6] 의학적 죽음의 판단이 있을 때 법적으로 죽음이 선포되고, 사망 증명서가 발급될 수 있다. 예컨대 죽음의 판단이 명확하게 설정하지 못하면 유언집행, 장례일, 장례절차 등이 자의에 맡겨져 혼란이 가중될 것이다. 신체적 의학적 죽음으로 확정이 되어야 법률적 죽음이 확정

---

6) 위의 책, p. 81

되어 진행된다. 자연인이 생명을 잃으면 일반적인 권리와 능력을 상실하고 재산적 권리 의무의 상속이 시작된다. 따라서 인간의 죽음을 신체적 죽음으로만 본다면 죽음으로써 삶이 모두 끝난다고 생각할 수 있다.

2) 심리적인 죽음

심리적인 죽음(psychological death)이란 자신과 주변 세계를 인식하는 인식의 정지, 즉 정신 작용이 정지되었을 경우를 말한다. 심리적인 죽음은 마음의 죽음, 정신의 죽음, 영혼의 죽음이다. 심리, 마음, 영혼의 죽음은 비록 생명이 살아 있더라도 인생의 모든 것이 무의미한 상태로서 죽음과 같은 상태를 의미한다. 즉, 심리적 죽음이란 '나'의 죽음을 말한다. 여기서 '나'란 실체로서의 자기 자신이며 에고(ego)이다. 나는 타인과 대비되는 존재로서, 인식하고 행동하는 실체로서의 주체성을 지니며 의식 지향성을 갖고 행동하는 자아의 능동성을 지닌다.[7] 곧 다른 사람과 구별되는 정체성을 지니는데 그 정체성은 외부의 타인이나 사회적 관계로부터 규정되며 인식된다. 이러한 정체성의 상실은 신체 능력은 있으나 종종 나이 많은 노인, 간혹 사고나

---

7) 위의 책, p. 106

알츠하이머병 등으로 뇌의 기능이 심각하게 손상된 사람에게서 발견되기도 한다.[8] 인간은 자신이나 타인을 깨닫게 되는 자아의 특성, 곧 정체성을 지니는데 심리적 죽음이란 자신이 누구인지도 알지 못하기 때문에 이런 경우 대부분 정신이 오락가락하거나 의식 상태가 희미하게 지속되는 증상이 있어서 가족들에게 많은 고통을 안겨주기도 한다. 신체적인 죽음은 다시 되돌릴 수 없는 상태라는 비가역성의 특징이 있지만, 심리적인 죽음은 치료나 처우에 따라 변화 가능하고 원래의 상태로 회복 가능한 가역성이 있다.

또한 죽음을 앞둔 사람은 죽음에 대한 불안을 가지게 되는데 이는 자신의 죽음에 대한 불안, 자신의 죽음 과정에 대한 불안, 타인의 죽음에 대한 불안, 타인의 죽음 과정에 대한 불안 등으로 구분하여 생각할 수 있다. 죽음에 직면한 대부분의 말기 환자들은 죽음을 맞이할 준비가 되어 있다 하더라도 두려움을 느낀다. 통증에 대한 두려움, 외로움으로 인한 두려움, 추한 모습으로 변해가는 자신, 즐겁지 않은 경험을 해야 한다는 두려움, 가족이나 사회에 부담이 된다는 두려움, 알지 못하는 것을 눈앞에 두었다는 미지의 세계에 대한 두려움, 삶에 대한 두려움으로부터 오는 두려움, 생의 임무를 다하지 못하는 것에 대한 두려움, 자기 소멸에 대한 두려움, 죽은 후 심판받거나 처벌받을 수 있다는 사후세계에 대한 두려움 등이다. 이때 환자들의 말을 잘 경청해주는 것이 중요하며, 관

---

8) 이이정, 『죽음학 총론』, 학지사, 2011, p. 19

심을 가지고 충분히 감정을 표현할 수 있도록 격려해주고 지지해
주어야 한다.

　미국의 정신과 의사로서 인간 죽음을 연구하여 죽음학의 창시자
로 불리는 퀴블러 로스(Kübler-Ross, 1926~2004)는 죽음을 앞둔 사
람들의 심리에 대해 분석했다. 이 분석에 의하면 죽음에 직면하게
된 사람은 부정과 고립, 분노, 타협, 우울, 수용이라는 다섯 단계를
거친다고 한다(Kübler-Ross death stages). 즉, 사람들은 자신이 불치
병에 걸렸다는 사실을 아는 순간 그 사실을 부인하는 상태에 빠진
다. 자신이 그럴 리 없다는 부정은 심리적 방어의식으로서 정신적
쇼크를 완화시킨다. 그러나 곧 점차 사실을 받아들이게 된다. 두
번째로는 자신이 곧 죽음을 맞이하게 된다는 사실을 받아들이면
서 분노와 원한 등의 정서 상태가 된다. 이때 옆에 있는 가족이나
의료진에게 정서적 어려움을 줄 수 있다. 이때는 환자의 마음을 헤
아려서 무조건적인 위로가 필요한 시기이다. 세 번째는 타협의 단
계로, 환자가 하나님이나 절대자에게 자신의 삶을 연장시켜주면
새로운 삶을 살겠다고 요구하는 것으로서 환자의 절박한 심정을
나타낸다. 그다음은 우울의 단계로, 환자가 병이 악화되어 죽음이
임박하면 우울증이 온다. 이는 죽음을 받아들이는 예비적 정서로,
이때는 환자와의 진실한 감정 교류가 중요하다. 분노와 우울의 단
계가 지나고 마지막으로 수용의 단계가 오는데, 수용의 단계를 맞
이할 수 있어야 평온을 찾고 임종을 준비할 수 있는 것이다. 이 단
계들을 통해 어떠한 태도를 가지고 죽음을 맞이하는 것이 좋을 것

인지 생각할 수 있고, 이와 동시에 죽어가는 환자를 어떻게 심리적으로 도와주어야 할지 배울 수 있다. 이 5단계 심리 모형은 말기 환자의 심리 상태를 이해하는 의료학계의 전형으로 인정받는다.[9] 죽음에 대한 태도는 어떤 생사관을 갖고 있는가에 따라 사람마다 다르게 나타날 수 있다. 누구든 죽음을 맞는 사람들이 임종 과정에서 겪는 심리적, 정서적인 상태를 이해하고 이를 이겨내고 마지막 순간까지 담담하고 충실한 인생을 살도록 도와야 한다. 따라서 죽음 교육에서 우선 다루어져야 할 부분은 죽음을 보는 관점과 죽음을 대하는 태도이다.

3) 종교적 관점의 죽음

죽음에 대한 종교적인 이해는 죽음을 이해하는 데 매우 중요하다. 인간의 죽음과 가장 밀접한 관련이 있는 것이 종교이며, 종교는 죽음에 대한 원초적인 공포를 극복하고 초월할 수 있는 신념과 제도를 만들었다.[10] 각 종교는 교의에 따라 인간의 출생과 죽음을 설명하고 있으며, 죽음 이후의 세계에 대해서도 구체적으로 제시

---

9) 건양대학교 웰다잉 융합연구회, 『웰다잉의 이해와 실제』, 수문사, 2018, p. 106

10) 양강수, 「죽음 준비 교육 프로그램 개발에 관한 기초 연구」, 연세대학교 행정대학원 석사학위논문, 2008

하고 있다. 종교는 인간의 죽음을 생물학적인 부분으로 한정하지 않고 이것을 넘어서는 차원으로 설명하고 있다. 종교는 인간의 죽음이 모든 것의 끝이 아니라는 점을 분명히 설명하고 있다. 바로 이 점이 과학과 의학에서 인간의 죽음을 설명하는 방식과 다르다. 그것은 곧 교의에 입각한 죽음 의례의 수행이다. 한국은 다종교 문화의 상황을 오랫동안 유지하면서 다양한 죽음 문화를 형성해왔다. 기독교에서 죽음은 하나님의 나라로 들어가는 길이며, 불교에서는 극락으로 가는 것이며, 유교에서는 후손의 제사에 의해 조상신으로 섬겨지면서 주기적으로 산 자와의 만남이 계속되며, 무속에서는 저승으로 가는 과정으로 설명한다. 종교들은 인간의 죽음을 또 다른 세계로 나아가는 과정으로 설명하고 있으면서도 죽음이 곧 사후세계로 들어가기 위한 당연한 수순은 아니라는 점 또한 분명히 밝히고 있다. 각 종교들은 죽음을 맞이한 당사자가 현세의 삶을 어떻게 살았는가에 의해서 사후세계 진입 여부가 결정된다고 가르치고 있다. 이런 이유로 사람들은 종교에 귀의하여 공포의 대상인 죽음을 극복하려고 했다. 또한 종교적 죽음은 각 종교의 교리와 내세관에 따라 다르게 나타난다.

불교에서 죽음이란, 육체는 해체되어 없어지지만 인간의 의식은 여러 생을 걸쳐 끊임없이 이어지는 윤회의 바퀴 속에서 육체의 형태를 바꾸는 환생의 계기가 되는 순간이라고 한다.[11] 이생에서의

---

11) 이이정, 『죽음학 총론』, 학지사, 2011, p. 35

원인과 결과에 따른 육도윤회설을 굳게 믿고, 죽으면 끝나는 것이 아니라 생사윤회가 끊이지 않는다고 말한다. 곧 죽음이 반복되는 것이다. 몸과 마음 모두가 인연에 의해 생겨난 환상일 뿐, 실체가 없으므로 태어남과 죽음이 반복되는 몸과 마음이 없는 것이다. 이 윤회하는 세계에서 벗어나려면 해탈, 열반에 이르러야 하고 자비와 깨달음에 이르는 헌신을 통해 삶과 죽음의 집착을 버려야 한다. 죽음은 새로운 육신으로의 환생, 윤회, 죽음이 존재하지 않는 열반의 세계로 나아가는 것이라는 교리가 특징이다. 결국 생사윤회의 고통을 벗어나 깨달음을 통하여 무지를 극복하고 진리를 얻을 수 있다고 보았다. 이처럼 불교에서 죽음은 영혼과 육체가 육체를 벗는 것이고 탄생은 육체를 입는 것으로, 죽음은 마지막이 아니라 다른 형태의 삶으로 들어가는 문인 것이다.

기독교의 죽음관에서는 인간이 죽으면 영원히 생명이 끝나는 것이 아니다. 영과 육이 분리되어 육신은 물질이므로 소멸되어 자연으로 돌아가지만 인간의 영혼은 여전히 사후세계에 존재한다. 죽음이 형벌이라는 관점과, 죽음 이후 구원을 받고 천국으로 가는 과정이라고 보는 관점이 결합되어 있다.[12] 초기 기독교의 교부들은 인간의 죄에 대하여 하나님이 부과하신 벌로 죽음을 이해했다. 아우구스티누스 이후의 그리스도교 교리는 인간의 죽음이 아담의

---

12) 건양대학교 웰다잉 융합연구회, 『지혜로운 삶을 위한 웰다잉』, 구름서재, 2016, p. 28

원죄로 말미암아 된 것임을 공식적으로 가르치기 시작했다.[13] 현대 기독교 신학자들은 죽음을 완전 죽음설, 영혼 불사설, 깊은 잠으로 이해하기도 한다. 예수 그리스도를 믿는 사람들은 예수 그리스도가 부활한 것처럼 부활할 것을 믿는다. 또한 사후 그리스도가 있는 천국에서 영원히 사는 것을 믿는다. 그래서 기독교인들은 죽음을 두려워하지 않는다. 이미 영원한 생명을 얻었음을 알기 때문이다.

유교는 다른 종교에 비해 내세관이 분명하지 않다. 유교는 죽음 이후보다 일상을 살아가는 삶에 대해 더 많은 관심을 가졌다. 공자는 현실을 잘 사는 것이 중요하다고 하였고, 죽음 이후의 말을 삼갔다. 공자가 "삶도 모르는데 죽음을 어찌 알겠느냐"라고 말했던 것은 유교의 내세관이 분명하지 않다는 사실을 단적으로 보여주는 예이다. 인간을 천지 음양의 기(氣)가 모여서 이루어진 결합체라고 보았다. 음양의 기운이 뭉치면 인간이 되고 흩어지면 귀(鬼)가 된다고 본다. 사람이 죽으면 혼백으로 일정 기간 존속하다가 그 기운이 다하면 혼은 하늘로 흩어지고 백은 음이므로 땅으로 돌아가게 된다고 한다.[14] 유교의 죽음관은 모든 인간의 통과 의례인 관혼상제(冠婚喪祭) 가운데 두 가지인 상제(喪祭) 의례에 잘 나타난다. 상례(喪禮)란 인생의 마지막 의례로서 사람의 죽음을 맞고, 주검(屍)

---

13) 조규만, 『죽음』, 신학과 사상, 제21호, 카톨릭대학출판부, 1997, p. 42
14) 한국종교학회편, 2001

을 땅에 묻고, 근친들이 슬픔으로 근신하는 기간의 의식 절차를 정한 예절이다. 관혼상제 등 인간대사(人間大事) 가운데 관례나 혼례와 같은 기쁜 일은 계획을 세우고 준비를 할 수 있으나 상(喪)은 갑자기 당하는 일이기 때문에 노부모를 모시는 자식은 항상 미리 상을 당할 준비를 하여 슬픔 속에서도 경건한 마음을 가지고 정성껏 하나의 의례로서 일을 진행하도록 해야 한다. 요즘은 대부분의 경우 전문 장의사가 일을 담당하지만, 예전에는 상례와 제례를 잘 알고 준비하고 있어야 자식의 도리를 다한다고 여겼다. 성리학자들을 포함한 유교도들은 이론적으로는 영혼의 실체를 부정했지만 제사를 중요시하였고 제사를 지낼 때에는 조상의 영혼이 집을 찾아와 그들과 같이 음식을 나눌 수 있다고 믿었다.[15] 상을 마친 후에도 1년 동안 여러 차례 제사를 올린다. 유교에서는 부모가 살아 계실 때의 효도를 돌아가신 후에도 계속해야 한다고 가르쳤으며, 제사는 돌아가신 분을 추모하는 인간의 기본 효행으로 인식되었다. 제사를 지낸다는 것은 부모를 비롯한 조상과의 만남이며, '나'라는 인간의 뿌리가 조상으로부터 시작했고 또 후손에게 계승된다는 사실을 깨닫게 하는 산교육이다. 따라서 산 자가 죽은 자에게 올리는 제사는 산 자가 산 자를 대하는 것처럼 경건한 마음을 다하여 받들어야 한다.

---

15) 임기훈 지음, 전병술 옮김, 『죽음학』, 도서출판 모시는 사람들, 2012, p. 357

4) 철학적 죽음

고대 에피쿠로스 학파는 영혼을 물질로 사유하려는 경향을 보이며, 인간은 죽음을 경험할 수 없으니 두려워할 것이 아니라고 했다. 소크라테스는 죽음을 육신의 속박과 고통으로부터 정신의 해방과 치유로 보았고, 플라톤은 죽음을 영혼이 신체로부터 불사의 세계로 옮겨 가는 것이라고 보았다.[16] 플라톤은 죽음은 육체로부터의 영혼의 해방이라고 했다. 19세기 이후의 철학자들은 인간의 죽음을 탐구하였는데 실존주의 철학자인 하이데거는 저서 『존재와 시간』에서 인간은 이미 나면서부터 죽음을 향해 가는 존재라고 규정하였다. 인간이 죽음을 향해 가는 존재라면 죽음 또한 인간의 내재적인 동력이 되므로 개별적 존재를 깨달아 삶에서 자유를 충분히 실현하면서 자신의 존재를 증험해야 한다고 역설하였다.[17]

죽음은 삶의 의미와 행복을 일깨우는 촉매제이다. 죽음의 발견은 자아의 발견이며, 자신이 유한한 존재임을 자각하는 일이다. 자아 인식을 통해 자아를 넘어서는 초월자에 대한 상상으로 나아갈 수 있다. 장자는 죽음은 삶과 평등하다고 했고, 우리는 왜 죽음을 말하며 죽는다는 것을 인식하며 살아야 하는 걸까 하는 물음에 대해 셜리 케이건은 "죽음을 통해 삶을 볼 수 있기 때문"이라고 한다. 오진탁[18]

---

16) 이이정, 『죽음학 총론』, 학지사, 2011, p. 30

17) 위의 책, p. 34

18) 한림대학교 철학과 교수, (전) 생사학연구소 소장

은 자신이 죽을 거라는 사실을 진심으로 받아들일 수 있을 때 인생의 우선순위를 바꾸고 비로소 생존경쟁의 쳇바퀴 속에서 벗어나고자 한다며 "죽음을 이해하는 건 곧 삶을 바꾸는 것"이라고 한다. 티베트의 스승 소걀 린포체는 삶과 죽음은 둘로 나뉠 수 없는 하나이며 죽음은 삶의 온전한 의미가 반영된 거울이라고 한다.

삶을 보다 명확하게 이해하기 위해 죽음을 이해해야 한다. 죽음에서 삶을 바라보게 되면 삶을 바라보는 새로운 시각과 혜안을 얻을 수 있다. 죽음에 대한 터부시와 거부감, 닫힌 마음은 우리의 삶을 제대로 바라보지 못하게 한다. 삶과 죽음은 유기적으로 연결되어 있다.

전통사회에서 한국인들은 죽음을 좋은 죽음과 나쁜 죽음으로 구별했다. 좋은 죽음의 조건은 결혼해서 제사를 지내줄 후손이 있고 천수를 누리고 집에서 가족들이 보는 앞에서 죽음을 맞이하는 것이다. 좋은 죽음의 조건을 갖추고 죽으면 후손에게 복을 내려주는 조상이 된다. 나쁜 죽음의 조건은 미혼 상태(제사를 지내줄 후손이 없이)로 죽음을 맞이하는 것, 요절, 비명횡사, 집 밖에서 죽음을 맞이하는 객사이다. 나쁜 죽음의 조건으로 죽음을 맞이하면 후손들에게 해를 입히는 원혼(冤魂)이 된다.[19] 전통사회에서 좋은 죽음과 나쁜 죽음은 삶의 길이(시간: 천수와 요절)와 장소(집과 밖)와 관계

---

19) 이와 관련된 논의는 다음의 글을 참조. 이욱, 「조선전기 원혼을 위한 제사의 변화와 의미: 수륙제와 여제를 중심으로」, 『종교문화연구』 제2집, 2001. 송현동, 「현대 한국 원혼의례의 양상과 특징」, 『종교연구』, 제61집, 2010

(부모와 자식, 서로의 관계) 설정, 그리고 죽음의 원인(비명횡사)에 따라 결정되었다. 그러나 현대사회에서는 좋은 죽음의 의미가 변화하고 있다. 가족들에게 폐를 끼치지 않고, 고통이 없고, 존엄한 인간으로서의 품위를 유지한 채 사랑하는 사람들에 둘러싸여 임종하기를 원한다. 그러나 무엇보다 '준비하는 죽음'을 원한다. 사고나 준비 없이 갑자기 당하는 죽음이 아니라 삶에 대한 후회 없이 한을 남기지 않고 살다가 죽음을 준비하고 자신의 방식대로 죽음을 맞이하는 것이다.

2.
죽음학

죽음학(thanatology)이란 고대 그리스 신 중 죽음을 의인화한 신인 'Thanatos(타나토스)'에서 유래하며 종교, 문학, 예술 등 주로 인문계의 다학제적인 방식으로 죽음과 관련 있는 주제를 종합적으로 다루는 학문 분야를 의미한다.[20] 죽음학이라는 용어는 러시아 생물학자 메치니코프(Elie Metchnikoff: 1854~1916)가 1903년 출간한 『The Nature of Men』에서 'Thanatology'를 쓰면서 시작되었다. 미국에서는 1963년 미국 미네소타대학원의 로버트 펄튼(Robert Fulton) 교수가 '죽음학' 과목을 개설하면서 사용하기 시작했다. 오늘날 죽음과 관련된 내용을 연구하는 학문을 서양에서는 일반적으로 죽음학(thanatology), 대만에서는 사생학이라고 하며 일본과 우리나라에서는 생사학이라고 한다.

미국의 죽음학(thanatology)은 생과 사를 단절로 보고 주로 호스피스 케어와 터미널 케어, 사별에 따른 애도 및 비탄 작업 등 다양한 심리학적, 의료적 접근으로서 죽음 준비 교육과 인간 심리의 정

---

20)　이이정, 『죽음학 총론』, 학지사, 2011, p. 489

신적인 측면에 중점을 둔다. 대만, 일본, 우리나라 등 동양의 생사학(生死學)은 서양 죽음학의 기본 요소를 수용하면서 전통적인 사생관 및 생명윤리의 문제까지도 포함시키고 실천학으로서 죽음학을 정립한다.[21] 서양의 죽음학이 호스피스 케어 및 터미널 케어 등 현상 연구에 초점을 두고 연구 및 교육을 하였다면, 생사학은 죽음학에 삶의 문제가 결여되어 있는 것에 주목하고 삶과 죽음을 일원화하여 생사와 연결된 문제를 연구 대상으로 한다.[22] 생사학이라고 하면 우리 사회에서 생소한 분야이지만, 생사학은 삶에만 치우치는 것과 죽음에 편향되는 것 역시 배척하며 삶과 죽음의 균형 관계를 모색한다.[23]

생사학의 입장에서는 두 가지 이유에서 죽음이 존재하지 않는다고 한다. 첫째, 죽음의 정의에 대한 논의를 심폐사나 뇌사 같은 죽음 판정 기준이 대신하고 있으므로 우리 사회에는 죽음 판정 기준에 대한 논의만 있을 뿐 죽음에 대한 바른 이해는 존재하지 않는다. 둘째, 죽음이란 육체의 죽음에 불과하고 죽음의 순간 육체로부터 영혼이 분리되어 다른 세상으로 여행을 떠나므로 영혼은 죽는 것이 아니다. 죽음은 육체의 죽음일 뿐 죽음이 존재하지 않는다는 것이다.[24] 그러므로 죽음은 신체적으로만 다루어지는 것이 아니라

21) 양준석, 「생사학 연구동향과 학문성 모색」, 『인문과학연구』 제49호, 강원대인문과학연구소, 2016, p. 442

22) 곽혜원, 『존엄한 삶, 존엄한 죽음』, 새물결플러스, 2014, p. 38

23) 오진탁, 『죽으면 다 끝나는가』, 자유문고, 2020, p. 6

24) 오진탁, 『삶, 죽음에게 길을 묻다』, 유리거울, 2010, p. 33

철학, 의학, 심리학, 민속학, 문화인류학, 종교, 예술 등 다학제적 학문으로 연구한다.

　우리나라에서 최초로 생사학 연구를 시작한 오진탁은 우리 사회에서 갈수록 증가하고 있는 죽음 관련 문제들은 죽음에 대한 오해가 원인이며 죽음의 이해가 필요하다고 강조한다. 죽음이 끝이라는 잘못된 오해가 죽음 소외 및 불행한 죽음을 양산한다는 것이다. '죽음이 끝이 아니다'라고 강조하며 죽음을 알면 삶에 보다 충실할 수 있다는 역설로서, 죽음에 대한 올바른 이해와 성찰이 필요하다고 보는 것이다.[25]

---

25)　위의 책, p. 93

3.
죽음의 문제

20세기 독일의 철학자 하이데거(M. Heidegger)는 "각 개인은 자신이 '죽음을 향해 가는 존재'임을 인식해야 하며, 모든 사람이 죽음을 맞이한다는 점에서 죽음을 용기 있게 인식하고 수용하는 것은 필연적으로 개인이 짊어져야 하는 의무"라고 주장했다.[26] 독일인 신부로서 일본에서 '죽음에 대한 교육'을 시작한 알폰스 디켄 (Alfons Deeken)은 '죽음에 대한 준비 교육'은 자신에게 부여받은 생명으로 어떻게 하면 마지막까지 보다 나은 삶을 살 수 있을까 하는 것으로, 평생 교육(Life education)이라고 하였다.[27] 그는 죽음을 맞이하는 모습은 죽음 준비 교육을 받았는지 여부와 그 사람의 생사관(生死觀)과 종교(宗敎)에 따라 차이가 나며, 다만 어떤 경우든지 죽어가는 과정에서 겪게 되는 힘든 고뇌를 적극적으로 극복한 사람은 인생의 마지막 단계에서 인격적으로 크게 성장한다고 지적하고 있다.[28] 그런데 죽음을 터부시하는 경향으로 사람들은 삶을 준

---

26) 셸던 솔로몬 외 지음, 이은경 옮김, 『슬픈 불멸주의자』, 흐름출판, 2016
27) 건양대학교 웰다잉 융합연구회 지음, 『지혜로운 삶을 위한 웰다잉』, 구름서재, 2016, p. 103
28) 알폰스 디켄 지음, 오진탁 옮김, 『죽음을 어떻게 맞이할 것인가』, 궁리, 2003, p. 139

비할 뿐 죽음에 대해서는 전혀 준비를 하지 않고 있다. 대다수의 사람들은 사랑하는 사람의 죽음과 자신의 죽음에 전혀 마음의 준비를 하지 않고 있는 것이 현실이다.[29]

　죽음은 인간이라면 누구나 피할 수 없는 현실이며 누구나 맞이하는 생애 발달의 한 과정이지만 죽어가는 사람이 보여주는 모습은 모두 다르다. 삶을 살아온 배경이나 태도에 따라서 죽음의 모습을 달리하기 때문이다. 최근 현대 의학의 발달에 따라 생명은 연장되고 평균수명은 증가하였지만 존엄사, 안락사, 호스피스 등 죽음과 관련한 다양한 현상들이 주목을 받고 있다.[30] 자살이 증가하고 존엄한 죽음의 권리와 바람직한 죽음 문화 등 올바른 죽음 문화의 모색도 관심사로 떠오르고 있으며, 더욱이 코로나 감염으로 많은 수의 사망자가 속출했던 시대를 겪으며 우리나라뿐만 아니라 세계적으로 더욱 죽음의 문제를 직면하고 있다. 죽음에 대한 인식은 삶에 영향을 미치고 삶의 태도를 바꾸어놓는다. 그러므로 죽음에 대한 인식을 바꿀 수 있는 방법으로 교육의 필요성이 제기되고 있다. 교육은 어떠한 인간을 형성하며 형성하고자 하는 지향점에 귀결되어야 함에도 현 교육에는 근원적 방향성에 대한 성찰을 통해 미래의 비전을 제시하는 역할이 상실되어 있다. 인간에게 소중한 근원적 물음, 즉 인간은 무엇이며 어디에서 왔다가 어디로 가는

---

29)　위의 책, p. 19
30)　오진탁, 『삶, 죽음에게 길을 묻다』, 2010, p. 17

지, 인간의 가치가 무엇인지 등은 수치화 혹은 계량화될 수 없다.

우리나라는 현재 기대수명의 증가, 고령화에 따른 노인 인구 증가와 고독사, 무연고사, 자살 등 사회적 문제 증가 등으로 인해 삶을 잘 마무리하고자 하는 웰다잉에 대한 관심이 높아지고 있다.[31] 삶의 질을 높이고자 하는 '웰빙(Well-Being)'을 넘어 죽음을 잘 맞이하고자 하는 '웰다잉(Well-Dying)'의 요구가 높아진 것이다. 최근 정부 및 지방자치단체에서도 웰다잉 문화 확산의 필요성을 인식하면서 2016년 경기도와 대전광역시를 시작으로 '웰다잉 문화조성을 위한 조례' 제정이 확산되고 있고, 2020년 현재 서울시를 비롯하여 56개의 광역단체와 지방자치단체가 조례를 제정하였다. 또한 각 지방자치단체마다 웰다잉 문화조성을 위한 사업을 진행하고 있으며 앞으로 더 늘어날 전망이다.

---

31) 임효남, 김광환, 「웰다잉을 어떻게 준비하고 있는가: 노인을 대상으로」, 한국산학기술학회논문지, 20(9), p. 432

제2장

웰다잉 교육

1.
웰다잉과 죽음 준비 교육

1) 웰다잉(Well-Dying)

웰다잉(Well-Dying)은 우리의 생명이 유한한 것임을 인식하여 나에게도 죽음이 올 것이라는 것을 깨닫고 언제 죽음을 맞이하더라도 편안하고 고통 없이 맞이하고자 하는 죽음의 준비, 그리고 살아 있는 동안 삶의 소중함을 인식하여 잘 살자는 삶의 과정으로서의 의미를 포함한다. 언젠가 누구나 맞이해야 하는 죽음을 갑자기 당하는 것이 아니라 '준비된 죽음'으로 맞이하자는 것이며, 좋은 죽음뿐만 아니라 좋은 삶을 살자는 삶에 대한 교육의 필요성을 강조하는 말이다. 따라서 웰다잉은 죽음만 이야기하는 것이 아니라 삶의 과정을 이야기해야 한다. 죽음에 대해 성찰하면 죽음을 간접적으로 경험하게 되면서 죽음을 평화롭게 맞이할 수 있게 하고, 나아가 삶의 방식을 근본적으로 변화시킬 수 있도록 한다.[32] 삶과 죽음은 동떨어진 것이 아니라 동전의 양면과 같이 늘 함께 붙어 있

---

32) 이강옥, 『죽음서사와 죽음명상』, 역락, 2021, p. 14

으므로 죽음에 대한 인식은 삶에 영향을 미치고 삶의 태도를 바꾸어놓는다. 그러므로 죽음에 대한 인식을 바꿀 수 있는 방법으로서 교육의 필요성이 제기되고 있다.

교육은 어떠한 인간을 형성하며 형성하고자 하는 지향점에 귀결되어야 함에도 현 교육에는 근원적 방향성에 대한 성찰을 통해 미래의 비전을 제시하는 역할이 상실되어 있다. 인간에게 소중한 근원적 물음, 즉 인간은 무엇이며 어디에서 왔다가 어디로 가는지, 인간의 가치가 무엇인지 등은 수치화 혹은 계량화될 수 없다. 죽음의 문제는 한 인간의 역사에 대한 진지한 질문에서 만날 수밖에 없으며, 교육의 과정에서 스스로 존재의 이유를 드러내 보이게 한다. 따라서 웰다잉은 삶을 소중히 여기게 한다는 면에서 웰빙의 완성이라고 할 수 있다. 웰다잉에 대해서 교육하는 것을 죽음 교육, 죽음 준비 교육이라고도 한다.

죽음 교육(Death Education) 혹은 죽음 준비 교육(Death Preparation Education)이란 죽음에 대한 교육으로서 죽음학을 배경으로 생물학, 의학, 철학, 종교학, 심리학, 사회학, 교육학, 문학 등 인문사회과학계 학과를 포함하여 죽음과 관련된 교육을 하는 학문 영역을 말한다. 죽음 준비 교육은 죽음, 죽음의 과정, 사별과 관련된 모든 측면의 교육과 상담을 포함하는 것으로 최근에는 '웰다잉 교육'과 혼용되어 사용되고 있다. 웰다잉(Well-Dying)은 '좋은 죽음', '품위 있는 죽음'을 지향하며 죽음의 준비뿐만 아니라 죽음의 과정, 즉 삶의 과정으로 본다. 따라서 존엄한 인간으로서 죽음의 질을 높이고, 사람이 사람답게 살고 사람답게 죽는 것을 의미한다.[33] 즉, 웰다잉 교육은 죽음의 참된 의미를 가르치고 죽음에 대한 바른 태도를 갖게 함으로써 삶을 보다 가치 있고 의미 있게 살아가도록 돕는 교육을 의미한다. 그러므로 본 저서에서는 죽음 교육, 죽음 준비 교육과 같은 용어로서 죽음에 대한 준비 교육을 '웰다잉 교육'으로 혼용하여 사용하고자 한다.

2) 그렇다면 죽음 준비 교육의 성격은 무엇인가?

죽음 준비 교육 이론을 살펴보면, Corr는 죽음 준비 교육 프로그램에서 인지·정서적 차원을 중심으로 프로그램이 구성되어야 한다고 주장한다. 그 외의 측면은 발달단계에 따라 차이를 둘 수 있는데, 인지·정서적 차원을 기본으로 청소년기에는 이에 더해 행동·가치적 차원이 반영되며, 성인기에는 행동적 차원을 포함하고, 노년기에는 가치적 차원이 추가적으로 구성된다.[34] 국내 발달단계별 죽음 교육 연구에서도 이에 동의하며 모든 발달단계에서 죽음

---

33) 김미희, 「로고테라피를 활용한 기독교 Well-Dying 교육연구」, 고신대학교대학원 석사학위논문, 2013

34) Corr, C. A., Helping with death education. In H. Wass & C. A. Corr(Eds), Helping children cope with death: Guidelines and resources, 2nd edition,Washington, DC :Hemisphere. 1984, p. 49

에 대한 인지, 죽음 불안의 내용을 공통적으로 다룬 것을 확인하였다. 죽음 교육에서 발달단계별 특징을 살펴보면 인지·정서적 측면에서 아동기는 죽음 개념 확인, 청소년기는 자아정체성 확립, 성인기는 생산성과 친밀감, 노년기는 인생 회고 등이 구성 내용에서 높은 비중을 두고 있다.[35] Durlak에 의하면 죽음 준비 교육 프로그램의 결과를 측정하는 연구들은 죽음에 대한 태도의 인지적, 정의적, 행동적 요소들을 평가하는데 인지적 요소는 주로 죽음학 연구에 대한 일반적 신념이나 혹은 안락사, 자살 등과 같은 특수한 죽음 관련 주제에 대한 의견 등을 포함한다.

정의적 요소는 개인적 죽음에 관한 다양한 부정적 감정들, 예를 들어 불안, 공포, 위협, 불편함 등을 포함하며 주로 위협 지표(Threat Index)나 Collett-Lester의 죽음 공포 척도 등이 이러한 부정적 감정을 측정하기 위해 사용된다. 행동적 차원의 결과들은 말기 환자와 효과적으로 이야기하는 능력을 개발하는 역할 놀이 연습이나 죽음 준비 교육 프로그램에 의해 촉진된 생활양식의 변화에 대한 자기 보고서 등과 같은 자료들을 평가하게 된다. 일반적으로 죽음 준비 교육 프로그램은 참가자의 죽음과 관련된 인식과 행동을 수정하는 데 효과적이지만, 실시된 프로그램의 유형에 따라 개인적 죽음에 대한 감정에는 상이한 영향을 끼침을 알 수 있다. 즉 경험적 프로그램은 긍정적인 결과를 낳는데 비하여 교훈적 프로

---

35) 이나영·유지영, 「죽음 준비 교육 프로그램의 발달단계적 분석」, 『교육학연구』 제58권, 한국교육학회, 2020, p. 200

그램은 감정에 전혀 영향을 미치지 않았다.

레비톤(Leviton, 1977)은 죽음 준비 교육의 성격에 대해 다음과 같이 세 가지 차원으로 설명하고 있다. 첫째, 죽음 준비 교육은 죽음에 대한 초기 예방 혹은 예방적 건강 교육이라는 것이다.[36] 이를 통해 언젠가 필연적으로 맞게 될 죽음에 대해 준비시킬 수 있다. 미리 죽음과 비탄을 생각하고 학습하게 함으로써 이를 효과적으로 다룰 수 있게 하여 죽음에 의해 병적 상태에 빠지지 않도록 예방적 역할을 할 수 있다. 둘째, 개입적 측면을 가지고 있다. 죽음 준비 교육은 자살이나 죽음 문제로 고통받는 사람에게 직접 개입하여 활동할 수 있는 능력을 배양하도록 도울 수 있다. 셋째, 사후 개입적·치유적 효과를 가진다. 나의 죽음을 경험할 수는 없지만 사랑하는 사람을 떠나보내는 경험으로 인해 죽음의 의미와 그것이 자신의 삶에 미치게 될 영향 등을 생각하게 하는 등, 죽음으로 인해 발생할 수 있는 부정적인 영향들을 치유하는 역할을 할 수 있다고 하였다.

우리는 죽음을 직접 경험할 수는 없지만 삶과 죽음의 의미를 깊이 성찰하고, 자신과 사랑하는 사람의 죽음을 어떻게 맞이해야 하는지에 대해 준비할 수 있다. 삶과 죽음은 동떨어진 것이 아니라 늘 함께 있기 때문이다. 따라서 죽음의 문제는 삶의 문제이며, 한 인간의 역사에 대한 진지한 질문에서 시작된다. 또 교육의 과정에

---

36) 이이정, 『죽음학 총론』, 학지사, 2011, p. 492

서 스스로 존재의 이유를 드러내 보이게 한다. 이러한 점에서 죽음 교육은 개인적 체험의 단계를 넘어서서 보편성의 교육으로 나아가게 하는 의미 있는 지평이다. 그러므로 생명의 소중함과 인간의 존엄성을 일깨우기 위한 웰다잉 교육은 죽음에 대한 올바른 이해를 돕고 긍정적인 인식의 전환을 이끌어 풍요롭고 의미 있는 삶의 초석이 될 것이다.[37]

37) 황창익, 「죽음 준비 교육의 필요성과 수요에 관한 연구」, 중앙대학교 행정대학원 석사학위논문, 2019, p. 71

2.
웰다잉 교육의 역사

1) 다른 나라의 웰다잉 교육

웰다잉 교육(죽음 준비 교육)에 대한 연구와 교육은 미국에서 처음 시작되었다. 1950년대에 형식적 죽음 준비 교육 프로그램이 시작되었고, 1960~1970년대에 질적, 양적 성장이 이루어져 1970년대에는 20여 개의 대학에서 시작되었다. 현재 미국에서 죽음에 대한 연구가 집중적으로 이루어지고 있는 곳은 미네소타대학으로, 1963년 로버트 풀턴 교수가 미네소타대학에서 처음으로 죽음 준비 교육을 개설하였다.[38] 또한 1969년 정신과 의사인 엘리자베스 퀴블러 로스가 1969년 『죽음과 죽어감』을 출간하면서 죽음 준비에 대한 필요성을 제기해 사회의 죽음 연구가 가속화된다. 현재는 유치원부터 대학에 이르기까지 공교육 차원에서 이루어지고 있으며, 이는 성인 후기의 평생 교육 차원으로 연속적으로 실시되고 있다. 미국의 중고등학교 죽음 준비 교육은 이제 매우 익숙한 일이

---

38) 위의 논문, p. 20

되었고, 미국의 많은 단과대학과 종합대학은 죽음학에 대한 교원을 임용하며 프로그램을 조직하여 가르치고 있다.[39] 프로그램은 의학, 간호학, 교육학, 문화인류학, 사회학, 신학 등의 각 분야의 전문가들이 모여서 공동으로 연구가 이루어지고 있으며, 죽음 준비 교육사 양성기관을 통해 전문인이 배출되고 있다.[40]

캐나다에서의 죽음 준비 교육은 존 몰건[41]에 의해 1968년부터 처음으로 대학교의 정규교육에 정착되었다고 할 수 있다. 1975년 처음으로 '어린아이와 죽음'에 관한 국제학술대회를 개최하였고 1976년에 킹스칼리지 안에 설립한 연구소[42]에서는 매년 다양한 분야의 전문가들을 모아 연례학술대회를 개최해 전 세계 죽음학 교육의 모델이 되고 있다.[43] 독일은 죽음 준비 교육의 풍부한 전통을 지닌 나라이다. 중세부터 독일 교회는 교인들에게 죽음을 바르게 이해시키기 위해 죽음을 주제로 설교를 하였으며 음악, 미술, 문학 등 예술 면에서도 죽음은 중요한 테마로 다루어졌다.[44] 이러한 역사적 배경하에 1970년대 후반에 이르러 학교의 교과과정에

39) Aarl Becker 지음, 김재영 옮김, 「현대문화와 학교 안의 죽음 교육과 종교」, 『종교교육학연구』 제19권, 한국종교교육학회, 2004, p. 8

40) 오진탁 외, 「죽음 준비 교육이 노인의 죽음에 대한 태도와 우울에 미치는 효과」, 『한국노년학』 29집, 한국노년학회, 2009, p. 69

41) 문영석, 「해외죽음학의 동향과 전망」, 『종교연구』 제39집, p. 297

42) King's Aollege Aenter for Education about Grief and Bereavement

43) 문영석, 「해외죽음학의 동향과 전망」, 『종교연구』 제39집, p. 299

44) 박종현, 「웰다잉을 위한 죽음 준비 교육연구: 상하교회를 중심으로」, 장로회신학대학교 목회전문대학원 박사학위논문, 2014, p. 82

종교 교육적 차원에서 죽음 준비 교육을 실시하게 되었다.[45]

독일은 초등학교에서부터 죽음 준비 교육을 실시하고 있다. 독일의 중학교 죽음 교육 프로그램은 윤리, 가치관의 측면에서 죽음에 대한 문제를 다루고 있으며, 고등학교에서의 교육은 성장과 노화 및 죽음에 관한 강의부터 자살과 안락사에 대한 문제까지 다루어진다. 이러한 교육과정에서 강조되는 점은 학생 스스로가 사고하고 해석해 선택하게 하는 것이다. 독일의 중고등학교에서 이루어지는 죽음 준비 교육은 연령에 맞게 체계적이고 단계적인 프로그램이 제공되어 그 범주가 넓고 내용의 수준이 상당히 높다는 것을 알 수 있다.[46]

호주는 사회적으로 큰 재난을 겪은 후 그 사고의 유가족을 중심으로 죽음에 관한 관심이 증가되면서 죽음 교육에 관심을 가지게 되어 NALAG(National Association for Loss and Grief: 상실과 비탄 협회)라는 조직이 결성되었다. 이 조직은 1994년부터 매년 8일간 비탄 계몽 주간을 전개하고 있으며,[47] 호주에서 교사가 되기 위해서는 학생들의 상실 체험에 대응할 수 있도록 비탄 카운슬러 등 전문가로부터 비탄 교육을 받는 것이 의무화되어[48] 학교 교육의 한 부분으로 자리 잡아 시행되고 있다. 스웨덴 역시 학교 주변에서 대

---

45) Alfons Deeken 지음, 전성곤 옮김, 『인문학으로서의 죽음 교육』, 2008, p. 98

46) 김선숙, 「한국교회 노인을 위한 죽음 준비 교육과정 개발에 관한 연구」, 서울기독대학교 신학전문대학원 박사학위논문, 2006, p. 146

47) 차미영, 『Well-Dying을 위한 죽음의 이해』, 상상커뮤니케이션, 2006, p. 357

48) Alfons Deeken 지음, 전성곤 옮김, 『인문학으로서의 죽음 교육』, 2008, p. 127

형 사망 사고가 일어난 것을 계기로 비탄 교육이 적극적으로 시행되었다. 초중고 교장 선생님과 보건심리학 교사, 간호사 등 3명이 한 팀이 되는 '위기 대응팀'이 운영되고 있으며 비탄 교육과 더불어 죽음 준비 교육이 지속적으로 실시되고 있다.[49]

일본의 죽음 관련 연구는 사생학(死生學)이라고 하며 서양 죽음학의 기본 요소에 전통적인 사생관과 생명윤리 문제까지도 포함하여 실천학으로서 죽음학을 정립하였다.[50] 알폰스 데켄(Deeken, A)이 1959년 상지대학에서 삶과 죽음을 생각하는 모임을 만들어 죽음 교육에 대한 사회 저변을 확대해나갔다.[51] 죽음에 대해 터부시하는 사회 전반적인 분위기가 있으나, 십 대 청소년의 범죄와 자살의 증가로 공교육의 위기를 해결하기 위한 교육 개혁의 하나의 대안으로서 죽음 교육이 제기되어[52] 2002년 학교 공식 교육과정으로 채택되었다. 대만에서의 죽음 교육 관련 연구는 푸웨이신에 의해 1993년에 생사학(生死學)으로 시작되었으며 서양의 죽음학에 삶의 가치적 문제를 접목하여 죽음 교육을 실시하였다. 1993년 타이완대학에서 교양과목으로 '생사학'을 개설한 이후 각 대학에서 죽음 교육 전문 연구 및 교육, 1906년부터 초중등 생명 교육으로 확

---

49) 배정순, 「자살 예방 준비 교육과 문학치료」, 『대한문학치료연구』 6집, 대한문학치료학회, 2015, p. 4

50) 배관문, 『죽음을 두고 대화하다』, 모시는 사람들, 2015

51) 황창익, 「죽음 준비 교육의 필요성과 수요에 관한 연구」, 중앙대학교행정대학원 석사학위논문, 2019

52) 도쿠마쿠, 「학교에서 죽음을 가르칠 수 있는가」, 죽음학 국제학술대회 발표논문, 강남대학교 사회과학연구소, 2002

대되어 실시되고 있다.[53]

2) 우리나라의 웰다잉 교육

우리나라의 죽음 준비 교육은 1997년 오진탁이 한림대에서 교양과정으로 대학생들에게 생사학을 가르치며 시작되었다. 그 후 동국대학교, 건양대학교 등 일부 대학으로 확산되어 실시되고 있다. 또한 죽음 교육은 대학생들이나 노인 등 일반인을 대상으로 하는 '죽음의 교양 교육'과 의사, 간호사, 사회복지사를 대상으로 하는 '직무 교육'으로 진행되는 경우가 많았다.[54] 일반인을 대상으로 한 최초의 죽음 준비 교육은 1991년 각당복지재단의 김옥라가 '삶과 죽음을 생각하는 회'를 만들어 죽음학 강연 세미나로 시작하여 슬픔 치유, 죽음 준비 교육 세미나를 지속적으로 진행해오면서 2002년부터 최초로 웰다잉 전문 지도강사 양성 교육을 실시하여 웰다잉 강사를 배출하였고 복지관, 학교, 종교시설 등 다양한 사람들을 대상으로 웰다잉 교육을 실시하며 확대되었다.[55] 최근에는 고려대학교 평생교육원, 서울대학교 평생교육원 등에서 일반인을

---

53) 林綺雲 외 지음, 전병술 옮김, 『죽음학』, 모시는 사람들, 2013, p. 55

54) 서이종, 「고령사회와 죽음 교육의 사회학」, 『사회와 이론』, 제28집, 2016, p. 73

55) 김옥라, 『웰다잉 교육메뉴얼』, 사회복지법인 각당복지재단, 2010, p. 280

대상으로 웰다잉 교육 및 지도자 양성 교육을 하는 등 웰다잉 교육에 대한 관심이 점차 확대되고 있다. 우리나라의 죽음 준비 교육 관련 연구는 1970년대 후반 시작되었으나 2004년 이전까지는 프로그램 개발에 관한 제언이나 예비적 고찰, 문헌 연구가 대부분이었다.[56] 2004년부터 2016년까지 국내 학술지와 학위논문에 게재된 선행 연구물은 총 30편으로 매년 적게는 1~2편, 많게는 5편까지 지속적으로 보고되고 있으며 점차 확대되고 있다.[57]

죽음 준비 교육의 선행 연구들을 살펴보면 죽음 준비 교육이 죽음과 밀접하게 관련되어 있는 사람에게게만 시행되는 것이 아니라 전 연령층을 포괄하여 누구에게나 필요하다는 것을 알 수 있다.[58] 일반인은 78.2%, 대학원 사회 교육원생은 91.7%, 죽음 준비 교육을 받은 호스피스 봉사자는 100%의 비율로 죽음 준비 교육이 필요하다고 응답하였다(안춘옥, 2001). 삶의 질은 웰다잉 인식의 모든 영역인 신체적 증상과 통제, 죽음 준비, 죽음 환경, 가족 및 사회관계, 병원치료, 심리 존엄 영성 부분에서 양의 상관관계를 보였다.[59] 죽음 준비 교육이 여가 태도와 삶의 질에 영향을 미치며,[60] 프로그램 실시 후 죽음 불안이 감소하였고, 생활 만족도가 증가했음을

---

56) 이나영, 「발달단계별 죽음 준비 교육 프로그램의 효과에 대한 메타분석」, 한림대학교대학원 석사학위논문, 2018, p. 29

57) 위의 논문, p. 30

58) Deeken, psychology of death & Dying, Hospis, 10. 2003, p. 65

59) 임효남 외, 「웰다잉의 구성요소와 삶의 질 간의 상관관계」, 『한국산학기술학회논문지』 20집, 2019

60) 최은주, 「웰다잉을 위한 죽음 준비 교육이 여가 태도와 삶의 질에 미치는 영향」, 경기대학교대학원 석사학위논문, 2015

확인할 수 있었다.[61]

먼저 세대별로 이루어진 연구를 살펴보면, 아동의 죽음과 관련된 연구는 1980년대 시작되었으나 아동의 연령에 따른 인지발달과 죽음 개념 발달에 관한 연구들이 대부분을 이루고 있다(권상자, 1984; 권혜진, 1980; 김남주, 1984; 김상희, 1986; 변상해, 이판근, 2009; 서현아, 1998; 양진희, 2006; 이정희, 2007; 정경숙, 2001; 정은미, 1999). 죽음 교육에 관련된 연구들은 아동의 삶에 정서적 위협을 가하기 전에 유아기, 아동기부터 교육하는 것이 예방적 가치가 있다고 주장한다(문승주, 2002; 변상해 외, 2009). 죽음 준비 교육 프로그램의 효과는 아동에게 눈높이에 맞는 동화책이나 애니메이션 사용 등 적합한 방식으로 극대화할 수 있다(김신향, 2016; 김일식 등, 2015; 남은영, 장연집, 1998; 서현, 2014; 조메리명희, 2009)고 하였다. 고등학생을 대상으로 이루어진 연구를 살펴보면 우리나라 고등학생 대상자 98.1%가 죽음 준비 교육에 참여한 적이 없다고 응답하였다. 죽음 준비 교육의 필요성에 대해서는 '반드시 필요하다' 등 필요하다는 응답이 높은 비율을 차지하여 상당수 학생들이 죽음 준비 교육의 필요성 및 중요성을 인식하고 있음을 알 수 있게 했다.[62] 기존에 청소년을 대상으로 시행된 죽음 준비 교육으로 프로그램을 통해 죽음에 대한 청소년들의 부정적 태도가 감소되고, 생의 의미를 재

---

61) 이혜경, 「웰다잉 준비 교육 프로그램의 개발과 효과」, 목포대학교대학원 박사학위논문, 2017
62) 유현진, 「고등학생의 죽음 태도 및 학교에서의 죽음 준비 교육」, 영남대학교 교육대학원 석사학위논문, 2007

해석 및 재평가함으로써 일상의 긍정적인 태도를 함양한다는 선행 연구 결과(신숙자, 2004; 조명주, 전원희, 2015; 조혜진, 2005)가 있었다.[63] 대학생의 경우 죽음 준비 교육 프로그램이 그들의 삶의 만족도에 영향을 미친다고 하였다. 죽음학 관련 교양강좌를 수강한 학생들은 죽음 대비의 필요성을 인식하고 있으며, 이에 비해 다음과 같은 죽음에 한 인식 변화가 있었다. 학생들은 죽음학 강좌 이후 죽음은 언제 어디서 올지 모르기 때문에 평소에 준비해야 하며, 특히 죽음 준비·죽음 교육의 시기는 노인(65세 이상)과 죽음이 직면한 상황(암 환자, 말기 환자)이 아니라 오히려 청소년·청년기에 필요하다는 인식의 전환을 보였다. 다음으로 중·장년층을 살펴보면 죽음 준비 교육 프로그램은 죽음 태도와 자아통합감 그리고 노후 준비도 변화에 중재 효과가 있는 것으로 파악되었다. 따라서 중·장년층이 죽음에 대한 불안이나 두려움으로부터의 완화, 삶의 질적 향상을 위해 죽음 훈련 프로그램에 참여할 필요성이 주어졌다. 또한 자아통합감과 심리적 안녕감이 향상되었으며 노후 준비에 대한 태도가 긍정적으로 변화하였다.[64] 노년층의 죽음의 문제는 생애 과업으로 죽음 준비 교육 연구가 가장 활발히 진행되는 분야이다. 노인의 죽음 준비 교육이 노인의 생애 과업을 돕고 죽음

---

63) 이나영, 「발달단계별 죽음 준비 교육 프로그램의 효과에 대한 메타분석」, 한림대학교대학원 석사학위논문, 2018, p. 31

64) 장미숙, 「웰다잉 프로그램이 중·장년층의 죽음 태도, 자아통합감 및 노후 준비도에 미치는 효과」, 대구한의대학교 대학원 석사학위논문, 2017

의 태도에 긍정적인 변화를 가져와 교육의 효과성이 있는 것으로 검증되었다.[65] 동시에 죽음 준비 교육의 참여는 자아통합감을 증진시키고, 이를 매개로 하여 죽음 불안을 감소시키는 것으로 나타났다. 노년기 자아통합감은 생애 발달단계에서 가장 중요한 과제로, 죽음 준비 교육 프로그램이 긍정적으로 작동하는 것으로 검증되었다(정영순, 2014).

죽음에 대한 고찰은 삶에 대한 목적성을 발견하고 긍정성을 함양하는 데 그 의의가 있다. 선행된 다수의 프로그램 내용이 정적 정서보다 부적 정서 해소에 중점을 두었기 때문에 앞으로의 과제는 죽음 개념 인지 및 죽음 불안 감소 측면의 효과에서 그치는 것이 아니라 자존감 고취에 방향을 두었을 때 죽음 준비 교육의 목적성이 실현된다고 본다. 그리고 죽음 준비 교육에 부적 정서인 공포, 화, 슬픔, 죄책감 등의 감소 차원을 넘어 정적 정서인 기쁨, 자부심, 애정, 만족감의 향상을 위한 노력을 통해 육체적, 정서적 발달단계에 있는 아동기, 청소년기의 자기효능감이 생애 과업을 마무리하는 노년층의 자아통합감으로 이어지도록 전 세대에 걸친 실행이 요구된다.

---

65) 박지은, 「죽음 준비 교육이 노인의 죽음에 대한 정서·인지·행동에 미치는 효과」, 서울여자대학교 사회복지기독교대학원 석사학위논문, 2009

3.
웰다잉 교육 프로그램 및 선행 연구

지금까지 성인을 대상으로 이루어진 죽음 준비 교육에 대한 선행 연구를 살펴보면 내용이나 교육 횟수가 표준화되지는 않았고 교수자에 따라 다른 경우가 대부분이다. 교육회기는 4회기부터 12회기까지 있었으며 10회기와 12회기가 가장 많았고, 교육 시간은 1~3시간으로 진행하는데 그중 매회 2시간이 가장 많았다. 성인기 죽음 준비 교육 프로그램의 회기 수는 10회기(30%)가 가장 많으며, 다음이 12회기(20%)였고, 주로 5회기 이상으로 구성되었다. 프로그램 내용은 죽음의 의미와 이해, 실제적 죽음 준비를 위한 내용, 내 삶의 회고와 성찰에 대한 부분으로 나누어진 것이 가장 많았고, 입관 체험, 자서전 쓰기 등 체험이 추가되는 경우도 있었다.

1) 성인 대상 죽음 준비 교육 및 연구

성인 대상 죽음 준비 교육 프로그램 구성 및 내용을 살펴보면,

이영화는 노년기를 맞이하기 전 안정되고 통합적인 자세 함양을 위해 중년기 죽음 준비 교육 기본 설계를 제시하였는데 2시간씩 12회기로 구성하였다. 4개 영역으로 나누었고, 내용은 죽음의 본질과 가치에 대한 고찰부터 죽음 불안, 생의 회고, 미래 계획이 포함되며 버킷리스트, 가계도에 기초한 미래 계획하기 등이 연관된 활동이었다.[66]

신금주는 중장년을 대상으로 죽음 교육 프로그램을 12회기로 구성하였는데, 죽음에 관련된 실제적 준비를 위한 정보 제공, 죽음에 대한 인지·정서적 탐색 및 상처 치유 작업, 자서전 쓰기를 통한 회고 및 삶의 가치관 재정립을 주요 프로그램 내용으로 하였다.[67] 죽음 준비 교육의 의미, 인생 곡선 그려보기, 임종에 관하여, 자살에 관하여, 존엄한 죽음에 대하여, 애도 과정, 유언장 작성 및 나누기, 자신의 묘비명 쓰기와 입관 체험, 임사 체험자의 증언 듣기, 소감 나누기 등이다.

윤매옥은 성인을 대상으로 한 죽음 준비 교육으로 죽음 불안과 영적 안녕감이 유의미하게 증가하고, 삶의 의미 증진 효과가 있다고 하였다. 프로그램은 1회 60분씩 총 5회로 도입단계, 수용단계, 체험단계, 나눔단계, 마무리단계의 5단계로 구성하여 실시하였

---

66) 이영화, 『죽음 준비 교육 모형개발에 대한 연구』, 이화여자대학교 사회복지대학원 석사학위논문, 1997, p. 79

67) 신금주, 「죽음 준비 교육이 중장년층에게 미치는 심리적 영향연구」, 호서대학교 대학원, 호서대학교 문화복지상담대학원, 2009, p. 30

다.[68] 도입단계에서는 '삶과 죽음의 이해'를 바탕으로 지금까지 살아온 날들을 생각하면서 사람들과의 관계를 회상하도록 하고, 수용단계에서는 '유서 쓰기'로 남은 삶에 대한 계획과 지난 삶에 대한 아쉬움, 용서와 화해, 남기고 싶은 이야기에 대한 내용을 작성하도록 하였다. 체험단계에서는 '입관 체험'으로 입관자는 관에 누워서 죽음의 의미를 느끼도록 하였으며, 나눔단계에서는 '느낌 공유'로 앞으로의 의미 있는 삶을 다짐하는 시간을 갖도록 하였다. 마무리 단계에서는 '결단과 축복'으로 삶의 목표를 설정하고, 남은 시간을 의미 있게 살아갈 것을 결심하는 것으로 하였다.

강경아는 죽음 준비 교육을 1회에 4시간씩 주 1회, 10주 동안 실시하였으며 교육과정은 삶과 죽음에 대한 이해, 내 삶의 회고와 성찰, 존엄한 죽음, 나의 참된 삶과 죽음의 4단계로 구성하였다. '삶과 죽음에 대한 이해'에서는 인생 설계, 노년기 질환, 치매 예방·관리, 음악이 삶에 미치는 영향의 주제를 다루었고, '내 삶의 회고와 성찰'에서는 건강한 노인의 역할, 삶의 회고와 죽음 준비, 자연의 섭리와 인간의 주제로 과거 자신이 살아온 삶에 대한 반성과 긍정적인 면을 탐색하였다. '존엄한 죽음'에서는 품위 있는 죽음에 대한 강의 및 체험학습이 이루어졌으며, 세부 주제로 나의 장례와 장묘, 입관 체험과 유언장 작성, 장기기증, 사별 후 홀로서기 등의 내용을 진행하였다. 마지막 단계인 '나의 참된 삶과 죽음'에서는 삶과

---

68) 윤매옥, 「죽음 준비 교육 프로그램이 성인의 죽음 불안, 영적 안녕 및 삶의 의미에 미치는 효과」, 지역사회간호학회지, 한국지역사회간호학회지 제20권 4호, 한국지역사회간호학회, 2009, p. 515

종교와 죽음, 명화를 통해 배우는 참된 삶, 삶과 죽음의 의미 발견의 주제를 다루었으며 품위 있고 준비된 죽음 문제를 생각하고 계획해볼 수 있는 기회를 제공하였다.[69]

김정림은 중년 여성들을 대상으로 죽음 준비 교육을 실시하여 죽음에 대한 태도와 생의 의미에 미치는 효과를 규명하고자 하였다.[70] 죽음 준비 교육은 주 2회, 2시간씩 총 5주간 10회로 구성하였다. 프로그램의 구성은 1단계 '나를 알기'에서는 인생 회고, 용서, 화해와 감사가 주제로 다뤄진다. 2단계 '죽음 알기'에서는 죽음의 의미 및 존엄한 죽음, 상실의 치유와 관련되어 진행된다. 3단계 '죽음 준비와 삶의 의미 찾기' 시간에는 삶, 죽음, 미래에 대한 준비 활동을 하며, 4단계는 '평가'로 진행되었다.[71] 가계도 그리기, 죽음과 상실에 대한 토의, 버킷리스트, 유언장 작성 등이 활동으로 포함되었다.

이혜경은 내적, 심리적 돌봄과 자유롭게 '떠나는' 것을 웰다잉의 중요한 부분으로 생각하여, 죽음을 준비하는 이들이 내면의 평화를 얻는 데 도움이 되도록 게슈탈트 심리치료, 미술치료, 원예치료를 도입하여 프로그램을 진행하였다. 죽음 준비 교육 활동으로 유언장, 버킷리스트 작성, 장수 사진 촬영, 입관 체험, 유언과 상속

---

69) 강경아, 「죽음 준비 교육 참여군과 비 참여군의 삶의 의미 및 죽음에 대한 태도 비교」, 종양간호학회지 제10권 2호, 대한종양간호학회, 2010, p. 157

70) 김정림, 「죽음 준비 교육이 중년 여성의 죽음에 대한 태도와 생의 의미에 미치는 효과」, 부산가톨릭대학교 생명과학대학원 석사학위논문, 2013, p. 3

71) 위의 논문, p. 17

법률 지식 습득 등을 진행하였다.[72]

김병남, 김동일은 서로 다른 직업을 가진 성인 학습자 5명을 대상으로 하여 평생 교육 프로그램으로 죽음 준비 교육을 진행하였다. 죽음 불안 해소, 삶의 목표 재점검 계기 마련 등의 효과가 있었다고 하였다. 내용은 자신의 소중한 가치 찾기, 명상 및 유언장 작성, 새 생명 체험, 주도적인 삶 찾기 등으로 구성하였고, 각 90분 또는 30분 수업으로 총 4회기였다.[73]

길태영은 베이비부머 대상 죽음 준비 교육 효과성 검증 연구에서 프로그램을 인지적, 정서적, 행동적 측면으로 나누어 오리엔테이션, 죽음의 이해, 환경의 이해, 태도 정립, 정서 작업, 임종자 조력, 사별자 조력, 자살 예방으로 나누어 내용을 구성하였다. 교육문화센터에서 교육 참여자들을 대상으로 1회 100분씩 총 12회기로 진행하여, 죽음에 대한 베이비부머의 태도와 삶의 의미 변화에 유의미한 영향이 있음을 확인하였다.[74]

이상에서 살펴본 바와 같이 지금까지 이루어진 성인 대상 죽음 준비 교육에 대한 선행 연구를 살펴보면, 내용이나 교육 횟수가 표준화되지는 않았고 연구자에 따라서 다른 경우가 대부분이다.

---

72) 위의 논문, pp. 104-105

73) 김병남, 김동일, 「성인학습자의 죽음 준비 교육 효과 연구」, 『예술인문사회융합멀티미디어논문지』 10권, 인문사회과학기술융합학회, 2020, p. 27

74) 길태영, 「베이비부머 대상 죽음 준비 교육 프로그램의 효과성 검증」, 『미래사회복지연구』, 제8권, 2017, p. 69

성인기 죽음 준비 교육 선행 연구 요약

연구자	회기 / 교육 시간	프로그램 주요 내용
이영화 (1997)	12회기 / 2시간	• 죽음의 본질과 가치에 대한 고찰 • 죽음 불안 • 생의 회고 • 버킷리스트
신금주 (2009)	12회기 / 2시간	• 죽음에 관련된 실제적 준비를 위한 정보 제공 • 죽음에 대한 인지·정서적 탐색 및 상처 치유 작업 • 자서전 쓰기를 통한 회고 및 삶의 가치관 재정립
윤매옥 (2009)	5회기 / 60분	• 삶과 죽음의 이해 • 유서 쓰기 • 용서와 화해 • 입관 체험 • 느낌 공유
강경아 (2010)	10회기 / 4시간	• 삶과 죽음에 대한 이해 • 내 삶의 회고와 성찰 • 존엄한 죽음 • 나의 참된 삶과 죽음
김정림 (2013)	10회기 / 2시간	• 인생 회고 • 용서와 화해, 감사 • 죽음의 의미 • 존엄한 죽음 • 상실의 치유 • 죽음과 상실에 대한 토의 • 버킷리스트 • 유언장 작성
길태영 (2017)	12회기 / 100분	• 죽음의 이해 • 환경의 이해 • 태도 정립 • 정서 작업 • 임종자 조력 • 사별자 조력 • 자살 예방
이혜경 (2017)	10회기 / 1시간	• 웰다잉이란 • 용서와 화해 Ⅰ, Ⅱ • 인간의 존엄성과 죽음 • 장례 문화와 상례절차 • 유언장 • 버킷리스트 작성 • 장수 사진 촬영 • 입관 체험 • 사전연명의료의향서 작성
김병남, 김동일 (2020)	4회기 / 90분, 30분	• 자신의 소중한 삶 찾기 • 명상 및 유언장 작성 • 새 생명 체험 • 주도적인 삶 찾기

2) 노년기 죽음 준비 교육 프로그램 및 연구

우리나라 죽음 준비 교육은 주로 노인복지관에서 노인을 대상으로 하는 경우가 많다. 따라서 프로그램에 관한 연구도 복지관에서 시행되는 노인의 죽음 준비 교육이 가장 많고, 교회의 교인, 자원봉사자, 요양보호사를 대상으로 프로그램을 실시한 논문이 주를 이루었다. 교육 시간은 1시간 30분에서 2시간이 가장 많았다. 프로그램 회기는 3회기, 6회기 등 단기에서부터 10회기, 12회기, 17회기까지 다양했다. 17회기는 웰다잉 연극 초청이나 봉사활동 등이 포함된 것으로, 실제 교육과 관련 회기는 10회기에서 12회기가 가장 유효한 것으로 보인다.

프로그램의 구성 및 내용은 죽음의 이론적 의미부터 존엄한 죽음, 유서 쓰기, 재산 정리, 장례 문화에 대한 고찰 등 대동소이한 것으로 나타났다. 다만 프로그램 회기가 늘어날수록 웰다잉 연극 관람이나 봉사활동, 견학 프로그램 일정 등을 추가한 것을 알 수 있다.

서문진희는 기독 노인을 대상으로 죽음 이해, 강의, 환자 체험 역할극, 유언장 쓰기, 그림극과 비디오 관람, 사별의 슬픔 나누기, 게임으로 삶의 기쁨 느끼기, 자신의 장례식 프로그램 짜기, 장례식 및 임종 연습, 수의 전달식, 아름다운 노인에 대한 비디오 관람, 남은 가족 배려 및 수료식 등 다양한 교육 내용과 방법을 통해 죽음을 대면하는 실제적인 경험을 시도하였다. 그러나 2박 3일 프로그

램으로 프로그램에 대한 효과는 측정하지 못했다는 제한점을 남
겼다.[75]

정의정은 건강 타운을 이용하는 70세 이상의 노인 30명을 대상
으로 각각 15명씩 실험 및 통제 집단으로 구분하여 죽음 준비 교
육이 노인의 죽음 불안, 생활 만족도, 자아통합감에 미치는 효과
를 분석했다. 프로그램은 생애사 기록표 작성하기, 만다라를 통한
인생 정리, 삶의 우선순위 나누기, 평화로운 죽음을 위한 준비(영상
시청), 내 삶의 흔적(작별 편지, 유언장 작성), 존엄사(연명치료에 대해 나
누기), 장례식 이벤트 기획하기로 구성되었다. 죽음 불안의 감소, 생
활 만족도 향상, 자아통합감 향상에 효과가 있는 것으로 나타났
다.[76]

현은민은 관련 선행 연구를 중심으로 내용을 6회기로 나누어 구
성하였다. 죽음 준비 교육의 필요성, 죽음과 죽음 불안에 대해 탐
색하기, 사랑하는 사람과의 이별과 홀로서기, 유언장 작성과 장례
식 미리 그려보기를 통해 장례절차를 점검하여 실제적으로 준비
할 수 있도록 하였고, 품위 있는 죽음을 위한 내용으로 안락사, 노
인 자살 문제 토론 논쟁을 하게 하였다. 마지막 6회기는 인생 회고
를 통해 자신의 삶의 의미를 발견하고 가치 있는 삶을 모색하도록

75) 서문진희, 「죽음 준비 교육을 위한 프로그램 및 공과개발」, 침례신학대학교 대학원 석사학위논문,
     1999
76) 정의정, 「웰다잉을 위한 프로그램의 효과 분석」, 『벤처창업연구』 제7권 제2호, 한국벤처창업학회,
     2012, p. 192

하는 내용으로 구성하였다.[77]

박지은은 시립노원종합복지관을 이용하는 노인들을 대상으로 죽음 준비 교육을 실시하여 죽음에 대한 노인의 정서적 불안이 감소하고, 인지적인 수용 정도는 증가했으며, 긍정적인 행동적 반응이 나타났다고 했다. 프로그램 내용은 나 알기, 죽음 알기, 인생 알기, 나눔 알기로 구분하여 오리엔테이션, 노년기 삶 이해, 자서전 쓰기, 죽음과 임종, 존엄한 죽음, 상실의 치유, 법적 준비, 장례 준비, 관계 회복하기, 영상으로 본 죽음 스토리, 미래 계획하기, 유언장 작성하기, 장기기증 교육, 노노 메아리, 수료식 등으로 구성하였다. 주 3회 각 2시간씩 5주간 17회기로 진행하였다.[78]

오진탁·김춘길은 죽음 준비 교육이 노인의 죽음에 대한 태도와 우울에 미치는 효과 연구에서 1회 100분씩 10주 동안 프로그램을 시행했으며, 죽음 준비 교육의 필요성, 존엄한 죽음을 위한 3가지 대안, 죽음이 끝이 아니다, 호스피스, 죽음의 9가지 유형, 죽음을 알면 자살하지 않는다 등 6가지 주제로 나누어 구성하였다. 교육 이후에는 노인의 죽음에 대한 태도가 유의미하게 긍정적으로 변화하였음을 확인하였다.[79]

---

77) 현은민, 「노인 죽음 준비 교육 프로그램 개발에 관한 연구」, 『한국가족관계학회지』, 제10권, 2005, p. 41

78) 박지은, 「죽음 준비 교육이 노인의 죽음에 대한 정서·인지·행동에 미치는 효과」, 『사회복지실천』 제8호, 서울여자대학교 사회복지연구센터, 2009, p. 90

79) 오진탁, 김춘길, 「죽음 준비 교육이 노인의 죽음에 대한 태도와 우울에 미치는 효과」, 『한국노년학』 29권, 한국노년학회지, 2009, p. 51

송양민, 유경은 복지기관에서 활용할 수 있는 실용형 죽음 교육 프로그램 개발과 프로그램의 영향을 연구하였는데, 죽음 교육이 노인들의 죽음 불안을 완화시키고 생활 만족도를 높이는 효과가 있음을 확인하였다. 프로그램은 2시간씩 총 17회기로 구성하였는데 내용은 죽음 준비의 필요성, 나는 누구인가, 어르신 봉사활동, 나의 인생 그래프, 웰다잉 연극단 초청공연, 나의 사랑 나의 가족, 죽음의 이해, 버킷리스트 및 나의 사망기 작성, 유언과 상속, 영정사진 촬영, 장기기증과 호스피스, 장사 및 장묘시설 견학, 유언장 작성, 건강관리, 영상편지 촬영, 묘비명 쓰기 등이었다.[80] 중간에 1박 2일 캠프와 활동을 병행하여 진행한 것이 특징이다.

백미화는 노인 죽음 준비 교육 프로그램 개발 연구에서 삶의 회고, 죽음 육, 품위 있는 임종, 상실·비탄·애도 등 세 부분으로 나누었다. 인생 그래프, 자서전 쓰기, 앞으로 삶의 계획, 용서와 화해, 상속 법률, 채무 및 유품 정리, 죽음 준비 교육의 필요성, 자살 예방, 의학과 죽음, 연명의료, 뇌사 장기기증, 장묘 문화, 사별과 상실 경험 드러내기, 비탄 치유, 사별 가족 돌봄 등의 내용으로 구성하였다.[81]

강원남은 서울시 관내 노인복지관 이용 노인의 죽음 준비 교육

---

80) 송양민, 유경, 「죽음 준비 교육이 노인의 죽음 불안과 생활 만족도, 심리적 안녕감에 미치는 효과연구」, 「노인복지연구」, 제54호, 한국노인복지학회, 2011, p. 111

81) 백미화, 「한국 노인을 위한 죽음 준비 교육 프로그램 개발에 관한 연구」, 차의과학대학교 석사학위 논문, 2019, p. 85

에 대한 효과 연구에서 주 1회, 회기당 90분, 총 3회기로 진행하였다. 프로그램 내용은 죽음의 이해, 사전연명의료의향서에 대한 이해, 호스피스 완화의료에 대한 이해로 구성하였다. 연구 결과 사전연명의료의향서 관련 지식 및 죽음에 대한 태도 면에서 일부 긍정적인 변화가 있었으나 3회기 단기적으로 이루어진 연구는 죽음 관련 지식과 죽음 태도, 죽음 불안, 삶의 의미에는 유의미한 변화가 없었다고 하였다.[82]

오혜진은 양로시설 거주 노인을 대상으로 죽음 준비 교육 프로그램을 실시하여 죽음 불안과 우울, 삶의 질에 긍정적인 영향을 미치는 효과가 있다고 하였다. 내용 구성은 인지적, 정서적, 행동적, 가치적 차원을 중심으로 나에 대한 이해, 죽음에 대한 관련 정보 제공, 남은 삶에 대한 의지 확보 등 세 영역으로 나누었다. 오리엔테이션, 나는 누구인가, 나의 인생 그래프, 죽음의 이해, 영상으로 이해하는 죽음, 존엄한 죽음을 위한 준비, 호스피스와 장기기증, 유언과 상속, 버킷리스트 및 나의 사망기 작성, 유언장 및 사전의료지시서 작성, 봉사활동 계획, 수료식 및 마무리로 12회기였다.[83] 그 외 생명의 존엄성, 현장 견학(장례센터, 호스피스센터), 입관 체험, 생명윤리, 전쟁과 대량학살의 심리, 가족과 가계도, 용서와 화해,

---

82) 강원남, 「서울시 관내 노인복지관 이용 노인의 죽음 준비 교육에 대한 효과」, 한림대학교대학원 석사학위논문, 2019, p. 22

83) 오혜진, 「죽음 준비 교육 프로그램의 효과: 양로시설 거주 노인을 대상으로」, 『노인복지연구』 제75권, 한국노인복지학회, 2020, p. 130

사별 비탄 반응 의미요법, 영화감상, 우울증과 자살, 나눔과 실천 등이 죽음 준비 교육 프로그램의 구성 내용에 포함되었다.[84]

이상의 선행 연구를 살펴보았을 때 죽음 준비 교육에서 필수적인 죽음에 대한 이해 측면과 실질적·행동적 차원의 준비 교육 측면으로 나뉘는 것이 확인되며, 인지·정서적 차원의 프로그램을 통해 그 의의를 제고하는 것을 알 수 있다.

노인 죽음 준비 교육 내용 선행 연구 요약

연구자	회기 / 교육 시간	프로그램 주요 내용
서문진희 (1999)	2박 3일 세미나 프로그램	• 죽음 이해 • 환자 체험 역할극 • 유언장 쓰기 • 그림극과 비디오 관람 • 사별 슬픔 나누기 • 게임으로 삶의 기쁨 느끼기 • 자신의 장례식 프로그램 짜기 • 수의 전달식
현은민 (2005)	6회기 / 2시간 30분	• 죽음 준비 교육으로의 초대: 프로그램 소개, 죽음 준비 교육의 필요성 • 죽음에 대한 탐색: 죽음이란, 노인의 죽음과 반응 • 사별과 적응: 사별과 애도, 비탄 방법, 경험 나누기 • 장례 준비 • 품위 있는 죽음: 안락사, 노인 자살의 현상과 원인 논쟁
박지은 (2009)	17회기 / 2시간	• 나 알기: 노년의 삶 이해, 자서전 쓰기 • 죽음 알기: 죽음과 임종, 존엄한 죽음 • 인생 알기: 상실의 치유, 법적 준비, 관계 회복하기 • 나눔 알기: 유언장 작성, 장기기증 교육, 노노메아리 • 수료식

---

84) 위의 논문, p. 162

오진탁, 김춘길 (2009)	10회기 / 100분	• 죽음 준비 교육의 필요성 • 존엄한 죽음을 위한 3가지 대안 • 죽음, 끝이 아니다 Ⅰ, Ⅱ • 호스피스 Ⅰ, Ⅱ • 죽음을 알면 자살하지 않는다
송양민, 유경 (2011)	17회기 / 2시간	• 죽음 준비의 필요성 • 나는 누구인가 • 어르신 봉사활동 • 나의 인생 그래프 • 웰다잉 연극단 초청공연 • 나의 사랑 나의 가족 • 죽음의 이해 • 버킷리스트 및 나의 사망기 작성 • 유언과 상속 • 영정 사진 촬영 • 장기기증, 호스피스 • 장묘시설 견학, 유언장 작성 • 건강관리(1박 2일 캠프 포함) • 영상편지 촬영 • 묘비명 쓰기
정의정 (2012)		• 생애사 기록표 작성하기 • 만다라를 통한 인생 정리 • 삶의 우선순위 나누기 • 평화로운 죽음을 위한 준비 • 내 삶의 흔적 • 존엄사 • 장례식 이벤트 기획
백미화 (2019)	(회기 밝히지 않음)	• 삶의 회고 죽음 교육: 인생 목적, 인생 가치 탐색, 회고, 자서전, 용서, 남은 인생 계획, 죽음의 이해, 죽음 교육의 필요성, 노년기 삶 • 품위 있는 임종:존엄한 죽음 및 죽음이 실제로 진행되는 임종 과정에 필요한 내용 • 상실·비탄·애도: 슬픔에 대처하는 방식, 임종 후 사별 가족에 대한 돌봄 및 배려, 비탄 반응 공유 등
오혜진 (2020)	12회기	• 나에 대한 이해: 오리엔테이션, 나는 누구인가, 나의 인생 그래프 • 죽음에 대한 관련 정보 제공: 죽음에 대한 이해, 존엄한 죽음을 위한 준비, 호스피스와 장기기증, 유언과 상속 • 남은 삶에 대한 의지 확보: 버킷리스트 및 나의 사망기 작성, 봉사활동 계획, 사전의료지시서, 봉사활동 계획, 수료식
강원남 (2020)	3회기 / 90분	• 죽음의 이해 • 사전연명의료의향서에 대한 이해 • 호스피스 완화의료에 대한 이해

이와 같이 죽음 준비 교육의 선행 연구들을 살펴보면 죽음 준비 교육이 죽음과 밀접하게 관련되어 있는 사람에게만 시행되는 것이 아니라 전 연령층을 포괄하여 누구에게나 필요하다는 것을 알 수 있다.[85] 일반인은 78.2%, 대학원 사회 교육원생은 91.7%, 죽음 준비 교육을 받은 호스피스 봉사자는 100%의 비율로 죽음 준비 교육이 필요하다고 응답하였다(안춘옥). 삶의 질은 웰다잉 인식의 모든 영역인 신체적 증상과 통제, 죽음 준비, 죽음 환경, 가족 및 사회관계, 병원치료, 심리 존엄 영성 부분에서 양의 상관관계를 보였다.[86] 죽음 준비 교육이 여가 태도와 삶의 질에 영향을 미치며,[87] 프로그램 실시 후 죽음 불안이 감소하였고, 생활 만족도가 증가했음을 확인할 수 있었다.[88]

중·장년층을 살펴보면 죽음 준비 교육 프로그램은 죽음 태도와 자아통합감 그리고 노후 준비도 변화에 중재 효과가 있는 것으로 파악되었다. 따라서 중·장년층이 죽음에 대한 불안이나 두려움으로부터의 완화, 삶의 질적 향상을 위해 죽음 훈련 프로그램에 참여할 필요성이 주어졌으며, 또한 자아통합감과 심리적 안녕감이 향상되었으며 노후 준비에 대한 태도가 긍정적으로 변화하였다.[89]

---

85) Deeken, psychology of death & Dying, Hospis, 10, 2003, p. 65
86) 임효남 외, 「웰다잉의 구성요소와 삶의 질 간의 상관관계」, 『한국산학기술학회논문지』 20집, 2019
87) 최은주, 「웰다잉을 위한 죽음 준비 교육이 여가 태도와 삶의 질에 미치는 영향」, 경기대학교대학원 석사학위논문, 2015
88) 이혜경, 「웰다잉 준비 교육 프로그램의 개발과 효과」, 목포대학교대학원 박사학위논문, 2017
89) 장미숙, 「웰다잉 프로그램이 중·장년층의 죽음 태도, 자아통합감 및 노후 준비도에 미치는 효과」, 대구한의대학교 대학원 석사학위논문, 2017

노년층의 죽음의 문제는 생애 과업으로 죽음 준비 교육 연구가 가장 활발히 진행되는 분야로, 노인의 죽음 준비 교육이 노인의 생애 과업을 돕고 죽음의 태도에 긍정적인 변화를 가져와 교육의 효과성이 있는 것으로 검증되었다.[90] 동시에 죽음 준비 교육의 참여는 자아통합감을 증진시키고, 이를 매개로 하여 죽음 불안을 감소시키는 것으로 나타났다. 노년기 자아통합감은 생애 발달단계에서 가장 중요한 과제로 죽음 준비 교육 프로그램이 긍정적으로 작동하는 것으로 검증되었다.[91]

성인기의 죽음 준비 교육은 죽음 인식을 높이고 삶의 긍정적인 변화를 가져온다. 따라서 삶의 질을 높이고 향후 죽음의 질을 높일 수 있도록 보다 준비된 프로그램의 개발과 연구가 요구된다.

---

90) 박지은, 「죽음 준비 교육이 노인의 죽음에 대한 정서·인지·행동에 미치는 효과」, 서울여자대학교 사회복지기독교대학원 석사학위논문, 2009

91) 정영순, 2014

제3장

문학치료적
웰다잉 교육 프로그램

1.
설화를 활용한 웰다잉 교육 프로그램

필자는 웰다잉 교육 프로그램을 연구하고 현장에서 실행하면서 참여자들이 보다 쉽게 죽음에 관한 문제에 다가갈 수 있도록 하기 위해 설화(옛날이야기)를 활용하는 것에 주목하였다. 문학 장르 가운데에서도 '설화'를 활용하여 프로그램을 개발한 이유는, 죽음은 인간의 원형적 화두이기에 이야기의 원형인 설화를 활용하기가 적합하기 때문이다. 설화를 공부하면서 살펴보니, 설화는 인간의 원형적인 서사를 다루고 있기에 자기 이해에 용이한 자료임을 알 수 있었고 웰다잉 교육에 융합한다면 웰다잉 교육 효과와 문학치료적 장점을 증대할 수 있을 것으로 기대되었다. 설화의 문학 치유적 활용성은 참여자의 자기 이해 및 생과 사에 대한 태도를 변화시켜 건강한 삶으로 나아가게 하는 장점이 있기 때문이다.

죽음이라는 원형은 인간에게 보편적이고 절대적인 것이다. 삶과 대립적인 것이 아니라 우리 삶의 한 부분이며 생과 사는 하나의 연속성을 이룬다. 그러나 죽음은 직접 경험해볼 수 있는 것이 아니다. 타인의 죽음을 간접적으로 경험하거나 문학작품이나 이야기, 영화, 혹은 방송이나 신문 등을 통해 보도되는 내용 등을 통해 간접적인 경험이 가능할 뿐이다. 죽음은 직접적으로 경험하기가 불가능한 것이기에 다양한 매개물들이 필요하고, 문학작품은 죽음이라는 문제에 접근할 때 발생할 수 있는 심리적 저항을 줄이는 데 적합한 중간 매개체다. 그러므로 문학을 활용하여 죽음에 대한 인식을 확장시키고 간접경험을 함으로써 죽음의 의미와 삶의 가치를 재인식하게 하는 웰다잉 교육의 목적에 부합하다 할 것이다. 또한 삶 속에서 당당한 주인공으로 살아낼 힘을 되찾아준다는 면에서 문학치료와 그 지향하는 바가 같다고 할 것이다.[92]

그러므로 문학 장르 중에서도 설화를 활용한 문학치료적 웰다잉 교육 프로그램은 필자가 처음 시도되는 것이다. 설화를 문학치료적 웰다잉 교육 프로그램에 활용하는 이유는, 설화는 세월의 검증을 거치며 생명력을 이어온 장르로 전형적이고 상징적이며 심층적인 방식으로 인생의 제반 문제를 함축하고 있기 때문이다. 설화의 형태로 수행되는 자기 서사 진단은 객관적이고 구조적이며 총체적이다. 또한 설화 자료들은 양적으로 풍부할 뿐 아니라 윤색을 거치지 않은 현장의 이야기라는 점에서 특별한 가치를 지니며, 주요 설화마다 각 편에 따른 변주를 통해 다양한 '서사 가지'를 보여준다는 것도 큰 장점이라 할 수 있다.[93] 그동안 웰다잉 교육 프로그램을 사회학적 혹은 철학적 주제로 구성하거나 시, 소설, 영화 등을 접목한 시도들이 있었으나 설

---

92) 배정순, 「자살 예방 죽음 준비 교육과 문학치료」, 『대한문학치료연구』, 대한문학치료학회, 2015, p. 12

93) 신동흔, 「문학치료에서 외국설화의 활용 가능성 탐색」, 『문학치료연구』 제27집, 한국문학치료학회, 2013, p. 10

화를 활용한 문학치료적 웰다잉 교육 프로그램은 없었다.[94] 또한 문학치료의 분야별 연구 성과[95]를 살펴보아도 작품 서사 분석 및 자기 서사 진단과 이론적 체계를 세우기 위한 체계 연구와 교육 관련 이론 연구, 프로그램 연구, 그리고 특수 문제 서사를 대상으로 하는 우울증 양극성 장애 등 이상심리 연구 등이 이루어져왔다. 그러나 문제 서사가 있는 계층에 대한 연구뿐만 아니라 일반 대중 누구에게나 관련 있는 죽음의 문제와 관련된 교육과 상담 프로그램에 대한 연구는 초기 단계이며 웰다잉 교육 프로그램은 없었다. 또한 죽음 서사 연구나 청소년 자살 예방 등의 연구는 있었지만 일반 성인을 대상으로 하는 웰다잉 교육 프로그램 연구는 없었다. 죽음은 일부 특수 계층의 문제가 아니라 누구나 겪을 수 있는 것이기 때문에, 대상이나 계층에 따라 이해하기 용이한 문학을 활용하여 교육 프로그램을 개발할 필요가 있다. 따라서 일반 성인을 대상으로 하는 웰다잉 교육 프로그램과 문학적 치료를 융합한 프로그램을 착안하여 개발하게 되었다.

설화는 풍부한 스토리적 맥락을 갖춘 서사문학으로 자기 서사와의 다양한 접점과 상관성을 찾기에 적합하고,[96] 문학치료적 웰다잉 교육 프로그램은 이러한 설화의 장점을 활용해 실행함으로써

---

94) 이영선, 장환영, 「죽음 교육 연구동향 분석: 평생교육의 관점에서」, 『교육문화연구』 26(2), 2020, p. 447
95) 서사와문학치료연구소, 『문학치료학의 분야별 연구 성과』, 도서출판 문학과치료, 2013, p. 46
96) 신동흔, 「문학치료를 위한 서사 분석 요소와 체계 연구」, 『문학치료연구』 제38집, 한국문학치료학회, 2018, p. 17

죽음이라는 인식에 자연스럽게 접근할 수 있도록 한다. 설화의 다양한 작품 서사의 주인공을 만나면서 참여자(내담자)가 마음을 열고 프로그램이나 상담에 보다 쉽게 참여할 수 있다는 장점이 있다. 또한 참여자가 마음을 열고 자기의 내면을 드러냄으로써 자기 이해를 하게 되면서 치료적인 효과를 동시에 낼 수 있는 것이다. 이와 같이 설화를 활용한 문학치료적 웰다잉 교육 프로그램은 지금까지 이루어지지 않았다는 점에서 본 프로그램이 갖는 의의가 있으며, 문학치료가 실용 학문으로서의 영역을 확장하는 데 기여할 것으로 기대한다. 나아가 웰다잉 교육에서도 설화를 활용하여 문학치료적 방법으로 시행된 교육 및 상담 프로그램이 없었다는 점에서 처음 시도되는 것으로 그 의의가 있다.

2.
문학치료와 죽음

문학치료란 무엇인가? 문학치료에 관한 일반적 정의는 문학, 즉 시를 비롯한 소설 등 여러 가지 문학작품을 읽거나 감상하는 과정, 글쓰기 등을 통해 심리적·정서적 안정을 찾고 정신적·육체적 질병을 치료해나가는 과정이다.[97] 일반적으로 시, 소설, 영화 등의 작품을 활용하여 주제에 맞는 교육을 하는 것을 의미한다. 그러나 본 프로그램에서 사용하는 문학치료는 정운채의 문학치료 개념을 사용하기로 한다.

본 문학치료는 '인간은 문학이다'라는 정운채의 문학치료에 주목하여, 모든 사람은 삶의 서사가 있으며 문학을 매개로 인간을 인생과 그 이면의 자기 서사로 나누어 봄으로써 문학이나 인간을 다같이 '서사'를 통하여 연구하는 것이다.[98]

이러한 문학치료학에서 가장 기본이 되는 개념은 작품 서사와 자기 서사이다. 문학치료학에서 말하는 자기 서사는 개인의 내면

---

97) 이철호, 『문학으로 모든 질병을 치료한다』, 정은출판, 2015
98) 정운채, 「문학치료학의 서사이론」, 『문학치료연구』 제9집, 한국문학치료학회, 2008, p. 278

심리를 넘어서 개인의 인생살이를 끌고 가는 역할을 하는 것이며, 서사적으로 구조화된 체계를 의미한다. 따라서 문학치료의 핵심은 건강하지 못한 자기 서사를 건강한 자기 서사로 개선하는 작업이다.[99] 자기 서사를 진단하고 탐색해서 그러한 점을 찾아내는 것이며, 여기에 작품 서사를 동원하여 문제를 해결할 수 있는 서사를 찾도록 하여 관계로부터의 자유로움을 추구할 수 있는 건강한 자기 서사를 갖게 하는 것이다.

자신이 서사의 주체가 되어 인간관계를 운영할 때 특정한 자기 서사에 얽매여 있는 상태에서 벗어나 자신의 현재 위치를 인지하고 문제를 발견하며, 문제를 해결하는 데 필요한 작품 서사를 찾았을 때 그것을 자기 서사로 받아들여서 행동에 변화를 일으킬 수 있는 힘을 갖추도록 하는 것이 문학치료의 목표이다.[100]

그동안 문학치료의 분야별 연구 성과[101]를 보면 작품 서사 분석 및 자기 서사 진단, 이론적 체계를 세우기 위한 체계 연구와 교육 관련 이론 연구, 우울증 양극성 장애 등 이상심리 연구와 작품 연구, 프로그램 연구 등 다변화되어 왔으며 다양한 계층을 대상으로 프로그램 연구가 확대되고 있다. 문학치료는 융합 학제적 학문으로서 문학과 상담, 교육을 위한 융합 프로그램에 대한 실행 연구가 더 확대되어야 한다. 최근 죽음에 대한 관심이 높아지고 있는 우

---

99) 위의 논문, p. 77

100) 권도영, 「문화치료학의 개념과 원리」, 『아동문학평론사』 42집, 2017, p. 33

101) 서사와문학치료연구소, 『문학치료학의 분야별 연구 성과』, 도서출판 문학과치료, 2013

리 사회에 삶의 소중한 가치를 일깨우고 죽음에 대한 사유의 기회를 제공하여 사랑하는 사람과의 사별로 인한 슬픔 애도 상실 치료 및 좋은 죽음을 맞이하고 죽음에 대한 준비를 할 수 있는 웰다잉 교육을 위한 문학치료 프로그램이 개발되고 다양한 방법의 연구가 이루어져야 할 필요가 있다.

문학은 사람의 삶에 관한 이야기이다. 생노병사 등 다양한 삶의 이야기가 있지만 죽음에 관한 이야기가 빠질 수가 없다. 작품 속 '죽음'이라는 모티브의 개입은 그 역설적 의미인 삶의 의미를 강조한다.[102] 삶과 죽음에 대한 한국인의 의식은 문헌신화를 그 근원으로 해서 설화와 고소설을 비롯한 문학작품은 물론, 민속에도 많은 영향을 끼쳐 현대인의 의식 밑바탕에도 그대로 흐르고 있다.[103] 이러한 고소설이나 설화 등 작품 서사에 나타난, 죽음을 모티프로 한 죽음서사 분석과 활용 연구는 문학치료의 다양한 관점에서 이루어져왔는데 필자로서는 대단히 반가운 일이었으며, 이를 활용하여 죽음 관련 프로그램을 실행한다면 효과적일 것이라고 판단하였다.

관련 연구들을 살펴보면, 이강옥(2014)은 저승생환담을 통해 저승의 경험과 이승의 경험은 존재의 전환을 가져다주어 이승에서

---

102) 정병헌, 「변강쇠가에 나타난 신재효의 현실인식」, 『한국언어문학』 제24집, 한국언어문학회, 1986, p. 183
103) 최운식, 「소설을 통해서 본 한국인의 삶과 죽음에 대한 의식」, 『국제어문』 제13권, 국제어문학회, 1991, p. 197

어떻게 살아야 할 것인가에 대한 고민을 해결해준다며 죽음명상 텍스트로서의 활용 가능성을 제시하였고,[104] 이후 야담집의 저승환생담, 임종담, 이승혼령담, 환생담, 이승저승 관계담 등 연구를 통해 더 구체적인 죽음 성찰의 방법들을 제시함으로써 죽음명상 텍스트로의 활용 가능성을 열어주었다.[105]

신호림(2014)은 「산천굿」에 내재된 죽음에 대한 인식을 알아보는데, 죽음 이후에 발생하는 생자와 망자 간의 연대의식을 호혜적으로 이끌어가고자 하는 텍스트라는 데 그 의의를 둔다.[106] 하재연(2016)은 설화에 나타나는 환생 모티프는 '죽음-재생-변화'라는 문학의 궁극적인 상상력에 닿아 있다고 설명하며, 그 원형적인 모습과 상징성과 이미지 등을 파악하고 현대시에서 환생 모티프가 어떻게 변용되고 있는지 분석하였다.[107] 김나영(1998)은 설화 속에 나타난 죽음 인식과 그 극복 형태로서의 재생의 의미와 양상을 통해 존재에 대한 본질을 연구하며, 죽음을 단절, 종말의 의미보다는 존재 전이의 통과 제의적 단계로서의 의미에 가치를 부여하였고,[108]

---

104) 이강옥, 「저승환생담의 서사적 특징과 죽음명상 텍스트로서의 가능성」, 『우리말글』 제63집, 우리글학회, 2014, p. 221

105) 이강옥, 「야담 속에 나타난 죽음서사의 양상과 죽음명상 텍스트로의 활용」, 『고전문학연구』 제54호, 한국고전문학회, p. 247

106) 신호림, 「산천굿 무가사설의 구성적 특징과 죽음에 대한 인식」, 『한국무속학』, 한국무속학회, 2014, p. 242

107) 하재연, 「설화문학의 환생 모티프와 문학적 전통의 재창조 ― 한국 현대시의 변용 사례를 중심으로」, 『한민족문화연구』 제53권, 한민족문화학회, 2016, p. 323

108) 김나영, 「설화 속에 나타난 죽음과 그 극복 양상 연구 ― 재생 설화를 중심으로」, 『성신어문학』 제10집, 돈암어문학회, 1998, p. 275

이혜정(2014)은 신화와 민담에서 여주인공의 살해는 타살과 환생의 제의적 살해의 의미를 지니는 것으로 신데렐라의 죽음과 결혼도 새로운 생명으로 환생하기를 염원하는 의미로 해석한다.[109] 김정은(2016)은 물명당 유언 설화를 통해 단두와 재생의 화소로써 발복의 의미를 연구한다. 작품 속 아버지와 아들이 맺었던 관계는 지나가는 과거라는 것을 아버지 시신의 머리를 자름으로써 보여주며, 현재의 삶을 살기 위해서는 죽은 처녀를 살리듯 새로운 관계를 생성해야 한다는 것을 이야기하고 물명당을 통한 발복은 단두와 재생의 화소를 통해 가능하다고 설명한다.[110] 박해랑(2019)은 서사무가 「바리공주」를 모티브로 한 황석영 소설 『바리데기』에서 바리가 마주하는 죽음을 생사관의 관점에서 분석하였다.[111] 주인공의 수차례의 죽음 직면과 타인의 죽음을 마주하는 자세는 죽음을 삶과 분리된 사건이 아닌 연속성을 가진 사건으로서 삶에 대한 의미를 성찰하게 하는 계기를 제공하는 기제로 작용할 수 있다고 하였다. 김혜미(2018)는 자살 예방과 관련하여 설화 「환생한 송아지 신랑」의 죽음의 모티프를 활용하여 폭력적인 부모와 자녀의 관계 맺기를 살펴봄으로써 아동·청소년의 성장과정에 대해서 도움을 주

109) 이혜정, 「신데렐라와 달 ― 소녀, 죽음과 환생의 의미를 중심으로」, 『비교민속학』 제55권, 비교민속학회, 2014, p. 193면

110) 김정은, 「물명당 유언 설화의 단두(斷頭)와 재생(再生) 화소를 통해 본 발복(發福)의 의미 연구」, 『겨레어문학』 제57집, 겨레어문학회, 2016, p. 84

111) 박해랑, 「황석영 소설 『바리데기』의 생사관 연구」, 『영주어문』 43권, 영주어문학회, 2019

고자 하였고,[112] 「과거 길의 죽을 수 세 번」을 통해 세 번의 죽음 위기와 관련된 성주체성에 집중하여 건강한 성장에 대해서 방향을 제시하고자 하였다.[113] 또한 청소년 자살지킴이들을 대상으로 설화를 활용하여 죽음에 대한 새로운 인식과 생명의 소중함을 일깨우는 생명존중인식 변화 사례 연구를 하였다.[114] 김정애(2020)는 향가 제망매가에 드러난 죽음의식을 통해 시가 장르의 문학적 가치에 현대적으로 공감하며 적용할 수 있는 문학치료적 방안을 탐색하였고,[115] 한상효·김민수·신동흔(2020)은 함경도 망묵굿을 통해 서사무가에 나타난 자살의 양상와 의미에 대해 연구하였는데 제의를 통해 자살과 죽음과의 의미를 살펴보며 굿에 참여하는 사람들도 제의적 소통을 통해 죽음을 간접경험하는 효과가 있다고 하였다.[116]

살펴본 바와 같이 설화에서 등장하는 죽음 모티브는 죽음을 삶의 연장선 안에서 바라보며, 죽음이 단순히 생과의 단절이 아니라 상승적 의미가 내포된 것이라는 다의적 해석을 가능케 한다. 이로

---

112) 김혜미, 「환생한 송아지 신랑 설화를 통해 본 죽음과 환생에 대한 문학치료학적 고찰 ― 소설과 구별되는 설화 속 아동·청소년 성장과정을 중심으로」, 『문학치료연구』 제47집, 한국문학치료학회, 2018, p. 188

113) 김혜미, 「구비설화 '과거 길의 죽을 수 세 번'에 나타난 죽음의 위기와 청소년기 성주체성 획득의 의미」, 『문화와 융합』 제42권, 한국문화융합학회, 2020, p. 570

114) 김혜미, 「구비설화를 활용한 청소년 생명지킴이의 생명존중인식 변화 사례 연구」, 『문학치료연구』 제54권, 한국문학치료학회, 2020, p. 173

115) 김정애, 「향가 '제망매가'의 죽음의식과 공감을 위한 문학치료적 방안」, 『문학치료연구』 제54집, 2020, p. 141

116) 한상효, 김민수, 신동흔, 「함경도 망묵굿에 나타난 자살의 서사 양상과 의미」, 『한국구비문학연구』 57권, 한국구비문학회, 2020, p. 224

써 삶과 죽음에 대한 성찰의 기회를 제공하고, 상담 및 교육 프로
그램으로 임상 현장에서 활용할 가치가 크다고 할 것이다.

3.
웰다잉 교육과 자기 서사 이해

웰다잉 교육이란 죽음에 대한 성찰을 통해서 죽음을 두려워하지 않고 삶의 일부로 받아들이며 생사를 초월하는 가치를 좇아 현재의 삶을 의미 있게 살 수 있도록 교육하는 것을 말한다.[117] 또한 죽음과 관련된 결정을 가족과 공유하여 가족에게 부담을 주지 않으면서 존엄하게 죽음을 맞이하기 위한, 전 생애에 걸친 능동적인 죽음 준비 과정을 의미한다.

'좋은 죽음'에 관한 연구에서 사람들이 원하는 죽음은 주변 사람들을 배려하는 죽음, 어느 누구에게도 폐를 끼치지 않는 죽음을 가장 선호하였고,[118] 다른 사람들에게 좋은 사람으로 기억되는 죽음을 원했다. 이렇듯 죽음은 개인의 죽음이기도 하지만 가족 등 주변 사람들과 깊은 관계가 있다. 따라서 죽음을 성찰한다는 것은 곧 죽음의 개인적 의미를 찾아 나서는 것으로서 개인의 자기 서사를 파악하는 것이 주효한 일이다.

---

117) 김가혜, 박연환, 「한국사회의 웰다잉 개념분석」, 『근관절건강학회지』, 27권, 대한근관절건강학회, 2020, p. 236

118) 이명숙, 「노인이 인식하는 좋은 죽음」, 한서대학교 대학원 박사학위논문, 2012, p. 30

그러므로 웰다잉 교육에 설화를 활용하여 자기 서사를 파악하고 자기 이해를 통한 자기 인식과 죽음 인식을 하는 것은 풍부한 스토리적 맥락을 갖춘 서사문학으로 자기 서사와의 다양한 접점과 상관성을 찾기에 적합하다.[119] 설화는 오랜 세월을 거쳐 전승되어 오며 구전 민담과 전통을 이어받거나 변형된 이야기로 그 지금까지도 구비전승되는 것은 인간의 원형적이고 보편적인 내용을 가지고 있기 때문이다. 내용이 단순하면서도 잘 짜여진 구조를 가지며 표현이 복잡하지 않아서 화자(話者)가 이야기하기 쉽다. 또 그 내용을 그대로 전승하는 것이 아니라 이야기의 핵심구조를 기억하고 화자 나름의 수식을 덧붙여서 전승하게 된다.[120]

이러한 설화를 매개체로 하는 웰다잉 교육은 지난 삶과 현재의 상황, 미래의 삶을 맥락적으로 가늠하면서 인생 좌표의 확인과 미래 긍정적 삶의 인식에 중요한 역할을 하게 된다. 웰다잉 교육과 문학치료가 서로 다른 계열에서 진행되어왔지만 인간의 서사를 다루며 건강한 서사로 나아가게 하고자 하는 기본 목표와 성격은 본래 통한다고 할 수 있다. 인간이 가지고 있는 죽음 불안이라는 것도 사실 자체에 있지 않고, 죽음의 의미를 해석하는 개인의 정신상태에 기인하기 때문에 일상 중에 죽음을 사유함으로써 올바른 가

---

119) 신동흔, 「문학치료를 위한 서사 분석 요소와 체계 연구」, 『문학치료연구』 제38집, 한국문학치료학회, 2018, p. 17

120) 신동흔, 「인지기제로서의 스토리와 인간연구로서의 설화연구」, 『구비문학연구』 42집, 한국구비문학회, 2016, p. 82

치관을 정립하는 것이 중요하다. 웰다잉은 죽음에 능동적으로 대비하는 동시에 삶의 의미를 추구하는 것이므로 긍정적인 사고를 바탕으로 일상에 의미를 부여하며 현재를 적극적으로 살아가는 것을 목적으로 하기 때문이다.

웰다잉 교육의 인지적, 정서적, 행동적, 가치적 측면으로 설화를 활용하여 문학치료적 실행을 연계함으로써 작품 서사를 통해 자신의 존재적 정체성을 인식하게 되며, 인간관계 문제의 서사적 성찰로써 자신의 인생 시뮬레이션을 진행하게 된다. 이어지는 연계된 웰다잉 활동은 작품 서사를 통해 확인된 죽음 인식과 자기 이해를 강화하거나, 웰다잉 목표에 부족한 부분을 보충함으로써 서로 상호보완적 관계로서 통합의 단계로 나아갈 수 있을 것이다.

문학치료에서는 '서사'를 통해 자신에 대한 심층적 반추를 할 수 있고, 웰다잉 교육에서의 활동을 연계 '실행'함으로써 죽음 인식과 죽음 준비와 관련된 직접적인 자기 표출적 활동을 하게 된다. 이는 웰다잉 교육의 목표인 삶과 죽음의 성찰을 통한 죽음 인식 변화를 이루는 것뿐만 아니라 자기 발견과 자기 이해를 돕는 결합 원리가 되어 삶의 긍정적 인식을 제고할 수 있는 유효한 방법이 될 것이다. 나아가 서사를 통한 깊이 있는 자기 이해와 자기 문제 인식을 통한 삶의 긍정적 변화를 이끌어내기 위한 치료적인 효과를 거두게 되어 문학치료와 웰다잉 프로그램이 상생하는 통합적 원리가 작용될 것이다.

4.
설화 서사 탐색과 웰다잉 활동의 연계구조

1) 프로그램 설계를 위한 탐색 과정

필자는 2011년부터 웰다잉 교육 프로그램 연구 및 현장에서 교육을 진행해왔다. 본 프로그램 구성은 Alfons Deeken의 죽음 준비 교육 목표[121]를 구성요소로 하였다. 죽음 준비 교육의 이론적 배경과 죽음 이해, 죽음 준비의 실제적 내용으로 총 8개의 대주제와 2~5개의 하위 회기로 나누어 총 22개이다. 그러나 상황과 여건에 따라 회기 수를 조정할 수 있으며, 경우에 따라 몇 개의 회기를 하나로 통합하여 진행할 수도 있다.[122]

필자는 이러한 프로그램을 기획하여 특수 집단 및 다양한 연령대를 대상으로 프로그램을 진행해왔다. 필자가 교육한 대상들은 청소년, 대학생, 일반인, 중년, 노년 등 다양한 세대들이었으며 간

---

121) Alfons Deeken의 죽음 준비 교육 목표는 15가지인데 정리하면 죽음에 이르는 심리 이해와 죽음의 의미 사색, 죽음의 공포와 불안을 제거, 자살 예방, 죽음 관련 윤리적 문제, 사망과 의학 및 법률 이해, 유한한 삶에 대한 인식 및 가치관 재정립 등이다.

122) 김옥라, 『웰다잉 교육메뉴얼』, 사회복지법인 각당복지재단, 2010, p. 19

호조무사 직무 교육, 요양보호사 보수 교육, 노인상담사 보수 교육, 노인인권강사 직무 연수, 공무원 연수 교육 등 직업군에 따른 직무 교육, 보수 교육, 연수 교육과 교도소 및 서울 경기 법부 지원센터에서 인성 교육, 수강 교육 명령을 받은 사람들을 대상으로 하는 보호관찰 교육에서 웰다잉 교육과 강사 양성 교육을 해왔다.

각 대상에 따라 기관에서 요구하는 교육 시간에 제한이 있었으므로 웰다잉 교육 시 중점적으로 다루어야 하는 인지적·정서적 내용 위주로 하였으며, 활동과 가시적인 효과를 더 원하는 기관에 따라서는 기관의 요구에 따라 교육 시간에 맞추어서 진행하였다. 웰다잉 지도자들은 좀 더 많은 포괄적인 내용을 다루었고, 일반 성인들은 특강으로 이루어진 경우를 제외하면 10회기, 12회기가 가장 많았다.

4회기 및 5회기로 진행하면 다루어야 할 인지적, 정서적, 경험적, 가치적 요소를 다 갖춘 주제를 충분히 다루지 못하는 아쉬움이 있었다. 10회기를 넘어가면 성인들은 프로그램에 대한 집중력이 약해질 수 있다. 또한 프로그램 효과도 3, 5회기 단기성 프로그램보다는 8회기 이상 중단기 프로그램이 죽음 불안을 낮추거나 자아존중감을 높이는 데 더 효과가 있었다. 따라서 프로그램은 10회기에서 12회기가 가장 적합하다고 할 수 있으며, 10회기와 12회기의 차이점은 웰다잉이라는 일반적인 강의 주제는 동일하나 12회기에는 견학, 연극공연 등 외부적 활동 내용이 들어간 것이 다른 점이다.

2) 프로그램의 기본 체계

프로그램 내용의 구성요소는 Alfons Deeken의 죽음 준비 교육 목표를 바탕으로 죽음에 이르는 심리 이해와 죽음의 의미 사색, 죽음의 공포와 불안을 제거, 자살 예방, 죽음 관련 윤리적 문제, 유한한 삶을 인식하고 가치관을 재정립한다는 목표와 Corr의 인지적, 정서적, 행동적, 가치적 요소를 중심으로 2시간씩 5회기로 구성하였다. 설화 작품과 웰다잉적 활동을 통해 구성요소를 연계하는 체계로 내용과 방법을 구성하였다.

본 프로그램 설계를 위한 탐색 과정으로 필자가 현장에서 일반적으로 진행해온 웰다잉 교육 프로그램의 근거와 진행 내용을 통해 주제 영역과 구성요소를 탐색하고, 설화를 적용한 웰다잉 교육 활동을 실행해봄으로써 웰다잉 교육과 설화를 적용한 문학치료적 활동의 상호보완적 결합 가능성을 점검하였다.

제 4 장

설화를 활용한
웰다잉 교육 프로그램의
개요 및 구성

1.
프로그램의 기본 체계

웰다잉 교육 프로그램의 내용은 '지난 삶의 회고를 통한 자기 발견', '죽음 인식', '죽음에 대한 준비', '남은 삶에 대한 의지 확보' 등 네 가지 주제로 구성하였고, 각 주제에 필요한 세부적 주제 2가지로 구성하였다.

네 가지 기본 구성 내용의 원리는 웰다잉 교육 프로그램의 죽음 교육 관련 이론과 선행 연구, 그리고 국내의 웰다잉 교육 모델의 고찰과 필자의 현장 교육 경험 결과 등을 종합하여 구성하였다. 이번 장에서는 프로그램 내용의 이론적 체계 구성과 프로그램 활동의 체계와 방법을 설명하고자 한다.

1) 교육 내용의 이론적 구성

교육 내용의 이론적 체계 구성은 Corr가 제시한 죽음 준비 교육의 네 가지 측면, 즉 인지적, 정서적, 행동적, 가치적 차원을 중심으로 구성하였다. 죽음 준비 교육의 인지적 차원은 죽음과 관련된 경험에 대한 정보를 제공하고 이해를 돕는 지적인 시도로서 죽음과 관련된 임종, 사별 등 다양한 지식의 습득을 요구한다. 정서적 차원은 죽음, 죽음의 과정, 사별과 관련된 감정 및 정서를 다루려는 것이다. 행동적 차원은 죽음과 관련된 상황에서 사람들이 왜 그렇게 행동하는지, 그러한 행동이 어떤 것에 도움이 되는지, 어떻게 행동해야 하는지를 탐색하려는 시도다. 그리고 가치적 차원은 인간의 삶을 지배하는 기본적인 가치를 확인하고 분명히 하려는 교육적 시도이다.[123]

또한 Deeken의 죽음에 대한 준비 교육 15가지 목표[124]를 네 가지로 통합하였다. 죽음을 깊이 성찰하고 자신의 죽음을 준비하도록 돕는 것, 죽음에 대한 금기를 제거하고 죽음의 공포와 불안을 해방시키는 것, 생의 중요한 가치를 정립하도록 돕고 시간의 중요성을 발견하도록 하는 것, 또한 인간은 죽는 순간까지 생명을 가진 존재이므로 자신에게 주어진 삶을 어떻게 살 것인지 준비해야 할 필요가 있다는 내용을 배경으로 구성하였다.

국내의 웰다잉 교육 모델은 우리나라에서 처음 죽음 준비 교육을 시작하고 웰다잉 강사 양성을 시작한 각당복지재단의 '웰다잉 교육 메뉴얼'과 생사학 전문가 오진탁의 웰다잉특강 10강 구성 내

---

123) 이이정, 『죽음학 총론』, 2011, 학지사, p. 491

124) Alfons Deeken

용을 참고하였다. 각당복지재단의 웰다잉 교육 프로그램은 마음을 여는 시간, 삶의 이해, 죽음의 이해, 느낌 나누기(죽음 경험), 인생 회고, 아름다운 죽음을 위하여, 죽음 준비의 실제, 나의 장례식 등 8개의 대주제로 나누었다. 일반적으로 프로그램은 5~10회기로 구성하여 진행하는 것이 좋다고 하였다.[125]

생사학 전문가 오진탁은 죽음 문제에 관한 웰다잉 특강을 10강으로 구성하였는데 다양한 종교의 죽음 이해, 호스피스 의사가 보는 아름다운 죽음, 존엄사, 자살 현상과 예방 대책, 장기기증, 유산의 사회 환원, 호스피스와 임종 간호, 우리 사회의 장례 문화, 전통 장례의례, 유언과 재산 관련 법률 등이다.[126] 건양대학교 웰다잉 융합연구소는 죽음 교육의 주요 내용을 '죽음의 인식 측면', '죽음의 수용 측면', '죽음의 실천적 측면'의 세 영역으로 나누어 죽음의 필요성, 인간의 삶과 죽음, 한국의 죽음 문화, 죽음의 윤리적 문제, 죽음을 어떻게 알릴 것인가, 이별 정리, 임종과 장례절차, 호스피스 완화의료, 상실과 치유, 심리치유의 실제 등으로 구성하였다. 대상의 특성이나 연령대마다 삶과 죽음을 대하는 데 도움이 되는 내용으로 구성했다.[127]

국내 죽음 준비 교육 프로그램 내용 선행 연구에서는 그동안 연구자들의 죽음 준비 교육 프로그램을 분석한 결과 성인기 죽음 준

---

125) 각당복지재단, 『웰다잉 교육 메뉴얼』, 2010, p. 19

126) 오진탁, 『삶, 죽음에게 길을 묻다』, 종이거울, 2010, p. 121

127) 건양대학교 웰다잉 융합연구회, 『웰다잉의 이해와 실제』, 수문사, 2018, p. 40

비 교육은 10회기와 12회기 순으로 많았고, 구성 내용은 죽음 준비 교육의 필요성, 죽음에 대한 이해, 삶과 죽음의 의미, 유언, 상속, 장례의례 기획, 버킷리스트 작성, 의료결정과 호스피스 이해 등이었다.[128] 또한 필자가 현장에서 실제적인 프로그램을 실시한 결과 성인기 웰다잉 교육 프로그램은 5회기 미만의 단기 프로그램보다는 10회기, 12회기 프로그램이 가장 효과가 있었다. 죽음 준비 교육의 내용은 죽음 준비를 위한 실천적, 행동적 차원의 프로그램이 일차적으로 구성되며, 프로그램의 실효성을 제고하기 위해 인지·정서적 차원의 프로그램이 제공된다. 대부분의 프로그램은 삶과 죽음에 대한 이해가 첫 주제로 등장한다. 죽음과 삶은 동전의 양면처럼 하나의 대상이 지니는 양면성으로 이해해야 한다. 죽음이해는 삶의 이해 없이는 이뤄질 수 없는 주제라 할 수 있다.

2) 프로그램의 구성원리 및 목표

위와 같은 내용을 근거로 하여 본 프로그램은 '지난 삶의 회고를 통한 자기 발견', '죽음 인식', '죽음에 대한 준비', '남의 삶에 대한 의지 확보' 등 네 가지로 구성원리 목표를 설정하였다. 네 가지 영역

---

128) 이나영, 「죽음 준비 교육 프로그램의 발달 단계적 분석」, 『교육학연구』, 제58권, 한국교육학회, 2020, 187면.

의 구성원리는 다음 표와 같다.

웰다잉 교육의 4가지 구성원리

영역	주제
정서적 차원	지난 삶의 회고를 통한 자기 발견
가치적 차원	죽음 인식
인지적 차원	죽음에 대한 준비
행동적 차원	남은 삶에 대한 의지 확보

(1) 지난 삶의 회고를 통한 자기 발견

'나의 가치관 발견'과 '용서와 화해'의 두 가지 세부 주제로 다루었다. 죽음을 배우기에 앞서 가장 먼저 해야 하는 일은 죽음 앞에 선 자기를 인식하는 것이다. 품위 있는 죽음을 맞이하기 위해 인생 회고와 함께 미해결된 과제를 풀어나가는 '용서와 화해의 시간'은 한 개인의 차원을 넘어선다. 이를 계기로 자기 자신의 삶을 되새겨보면서 인간다운 삶과 품위 있는 죽음을 어떻게 맞이해야 하는지 깊이 성찰해보고, 보다 의미 있는 삶을 영위할 수 있게 한다. 우리가 죽음을 두려워하는 가장 큰 이유는 자신이 누구인지 모르기 때문이다.[129] 따라서 '자기 발견'이 중요하다. 이때의 자기란 지금까지 삶

---

129) 소갈 린포체, 오진탁 옮김, 『티베트의 지혜』, 민음사, 1999, p. 40

의 서사를 써온 서사적 자기를 말하는 것으로, 자기 발견은 지난 삶의 회고를 통해 이루어져야 한다.

자기개념은 사회화 과정을 통해서 복잡한 구조로 발전한다. 개인은 자기를 개별적이고 직접적으로 경험하는 것이 아니라 타인에 대한 인식과 마찬가지로 자신을 하나의 인식 대상으로 경험하며 자신의 사회적 행위와 그에 대한 타인의 반응이 반복되는 과정 속에서 자기 인식이 발생한다.[130] 대부분의 사람들은 자기 자신으로 살면서도 자신의 실체나 본질이 무엇인지를 정확히 모르고 살아간다. 불행히도 우리의 진정한 자아는 현실에서 쓰고 있어야 하는 가면과 역할들에 가려져 있기가 쉽다. 그러므로 실체라고 믿었던 가면을 벗겨내고 자기를 발견하는 것은 삶의 본질을 깨닫는 과정이므로 꼭 필요하다. 인간은 끊임없이 '나는 누구인가'를 찾고 진정한 행복에 이르는 길을 발견하려고 시도한다. 따라서 자신의 서사에서 발현되는 삶의 가치관의 발견을 통해 자기를 확인하는 것으로 구성하였다.

두 번째로 다룰 주제인 '용서와 화해'는 자신의 인간관계를 살펴봄으로써 자신의 존재를 더 잘 확인할 수 있도록 하였다. 호스피스 운동의 선구자이자 20세기를 대표하는 정신의학자인 Elisabeth Kübler-Ross는 관계는 자신을 보는 문이라고 했다.[131] 전 생애 동

---

130) 권석만, 『죽음의 심리학』, 학지사, 2019

131) Elisabeth Kübler-Ross, David Kessler, 류시화 옮김, 『인생수업』, 이레, 2000, p. 61

안 우리는 많은 이들과 관계를 맺는다. 가족이나 가까운 사람들과의 관계를 통해 행복을 느끼기도 하고 이들로 인해 상처받기도 한다. 따라서 자신의 관계 서사를 돌아보고 문제 서사를 확인하는 것은 자기를 발견하는 것이며, 나아가 문제 해결의 가능성을 탐색해볼 수 있기도 한 것이므로 구성에 포함하였다. 인간은 관계가 원만해야 관계적 행복감을 느끼기 때문이다. 용서는 개인의 건강을 방해하는 갈등을 제거하고 인간관계를 개선시켜서 심리적 고통을 극복하게 하고 자존감 향상과 심리적, 신체적 건강을 향상시킨다.[132] 그러므로 용서와 화해는 행복을 실현하고 삶의 제반 문제를 원만히 해결함으로써 삶을 잘 살도록 도와준다. 따라서 웰다잉 교육에서 용서의 역할은 필수적이라 할 수 있다. 결국 죽음을 성찰하는 죽음 교육은 삶을 잘 살도록 하기 위한 것이므로 관계를 통해 자기 자신을 올바로 파악할 수 있고, 관계를 정리하고 개선하는 계기가 되기도 한다.

(2) 죽음 인식

'존엄한 죽음의 의미와 삶의 가치', '애도의 중요성'이라는 두 가지 세부 주제로 구성하였다. 죽음 인식은 죽음 관련 인지적 요소와 삶의 가치적 요소를 통해 죽음의 이해와 삶의 가치를 진지하게 성

---

132) 신금주, 『죽음 준비 교육이 중장년층에게 미치는 심리적 영향연구』, 호서대학교 석사학위논문, 2009, p. 14

찰해보는 것으로, 죽음 인식의 변화를 도모하는 것이 목표이다. 죽음을 성찰할 기회를 제공함으로써 죽음을 이해하고, 죽음의 이 해는 죽음 인식에 변화를 가져온다. 죽음 인식의 변화는 죽음에 대한 불안과 두려움을 완화시켜주고, 삶의 가치를 재구성할 수 있 게 하는 효과를 기대할 수 있다.

'애도의 중요성'의 주제는 가까운 사람의 사별이나 상실로 인한 슬픔과 상처에 대해 감정을 수용하고 치유로 나아가게 하는 것이 목표이다. 상실은 우리에게 공허함과 무기력함, 분노, 슬픔, 두려움 등의 많은 감정을 남긴다.[133] 상실로 인해 슬프다면 충분히 슬퍼해 야 하고, 상실로 상처를 받았다면 상실로부터 자기를 지키는 방법 을 찾아내야 한다. 슬픔의 방식은 개인마다 다르지만 진정으로 상 실을 수용하고 고통을 극복할 수 있어야 한다. 나아가 상실 치유 를 통해 건강한 서사를 가지고 살아갈 수 있도록 하는 치유적 기 능도 기대할 수 있다.

(3) 죽음에 대한 준비

'유언과 상속', '장례와 장묘'의 세부 주제로 나누었다. '죽음에 대 한 준비'는 웰다잉 교육에 있어서 인지적 차원에 대한 것으로, 누 구나 언젠가 맞이할 수밖에 없는 죽음에 대해 실제적인 준비를 할

---

133) 위의 책, p. 88

수 있도록 돕는 것이 목표이다. '유언과 상속'은, 인간은 누구나 흔적을 남기는 존재이므로 자신에게 있는 육체적, 정신적, 지적, 영적인 재산을 실제적으로 확인하도록 돕는다. 살아온 배경에 따라 사람마다 남길 수 있는 것은 다르다. 나의 죽음 이후 무엇이 남을 것인가는 내가 어떤 존재로 살아왔는가와 관련 있는 것으로, 지나온 삶과 미래의 나를 돌아보게 하며 앞으로 어떻게 살아야 할지 생각할 수 있게 했다. 또한 남겨질 가족들과 관계의 소중함도 재인식하도록 돕는 효과를 기대할 수 있다.

'장례와 장묘'는 실질적으로 자신의 죽음에 대해 직면해보는 것으로, 장례와 장묘를 어떻게 할지 생각해보고 실제적인 죽음의 준비를 할 수 있게 돕는 것을 목표로 한다. 장례식은 인생 마지막 의례로서 상징적인 큰 축제이므로 자신이 원하는 방식으로 준비할수 있다. 장묘 방식도 매장이나 화장, 그리고 화장 후 봉안장, 자연장 등 다양한 방식이 있다. 자신의 장례와 장묘의 방법 등을 생각해보는 것은 죽음을 직면하게 하는 효과도 있어서 삶에 대한 태도를 긍정적으로 변화시키기에 효과적일 수 있다.

(4) 남은 삶에 대한 의지 확보

'존엄한 삶', 그리고 '버킷리스트'로 세부 주제를 구성하였다. 앞으로의 삶을 어떻게 살아갈 것인지에 대한 것으로, 남은 삶을 행복하게 살아가게 하는 중요한 방법들을 깨달아서 구체적인 행동적 차원으로 나갈 수 있도록 목표하였다. '존엄한 삶'은 임종기 때 연명의료를 할 것인가에 관련하여 우리의 마지막 모습을 숙고하게 하기 위한 것이다. 삶에 집착하거나 의료에 연명하기보다는, 인간답게 살다가 인간답게 마지막을 잘 마무리하고자 하는 것인데 그것은 생명과 삶에 대한 태도와 관련이 있다.

'버킷리스트'는 삶에 대한 긍정적 태도를 함양해서 남은 삶을 구체적으로 계획하고 실천하여 후회 없는 인생을 살도록 하기 위한 것이다. 웰다잉 교육은 죽음을 잘 이해하고 죽음을 잘 준비할 뿐만 아니라 삶의 소중함을 인식하여 잘 살기 위한 삶의 교육이기 때문이다. 그러므로 앞으로 남은 삶에 대한 의지를 확보하기 위해 사는 동안 자신이 하고 싶고, 되고 싶은 일들을 구체적으로 탐색해보고 삶의 의지를 가질 수 있도록 긍정적인 삶의 태도를 갖도록 도울 수 있다.

2.
프로그램 활동의 원리

　본 프로그램 활동의 체계와 방법은 설화를 사용하여 설화 작품 내용을 중심으로 서사적 반응을 나누고, 웰다잉 활동을 상호 보완 및 연계하는 것으로 구성하였다.

　설화 작품을 통해 각 주제에 대해 서사적 반응과 이해를 이끌어내는 것을 목표로 하며 각 주제를 강화, 보충, 통합하기 위하여 웰다잉 활동과 연계한다. 설화 작품 활동으로 참여자의 서사적 반응을 확인하고 주제의 목표를 확인할 수 있는데, 웰다잉 활동을 연계하여 서사적 반응을 더 강화하고 통합하는 역할을 한다.

　또한 서사적 반응을 강화, 통합할 수 있을 뿐만 아니라 참여자의 서사적 반응이 목표한 주제에 도달하지 못하였을 때는 연계된 웰다잉 활동이 주제의 보충 효과를 줄 수 있기 때문이다. 그러므로 설화 작품 활동과 웰다잉 활동은 서로 보충, 강화, 통합, 상생의 효과를 구현할 수 있도록 구성하였다.

　본 프로그램의 설화 작품에 대한 서사적 반응과 웰다잉 활동의 연계 원리는 다음 그림과 같다.

설화 작품에 대한 서사적 반응과 웰다잉 활동의 연계 원리

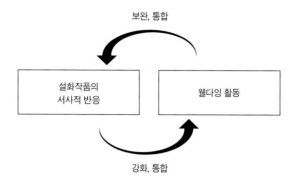

이상의 내용을 근거하여 본 프로그램의 활동 체계와 방식은 '설화 서사 반응과 웰다잉 활동'을 상호 연계하도록 구성하였다. 네 영역은 다시 하위 주제 8가지로 나누고 8가지 주제에 맞는 설화를 선정하였으며, 설화의 서사적 반응과 웰다잉 활동을 상호 연계할 수 있도록 구성하였다.

총 10회기 2시간씩 20시간[134]이며 '지난 삶의 회고를 통한 자기 발견', '죽음 인식', '죽음에 대한 준비', '남은 삶에 대한 의지 확보' 등 네 가지 대주제와 각 주제별로 세부적인 2가지 주제로 구성하였다. 8가지 하위 주제는 나의 가치관과 서사 발견, 인생 회고를 통한 용서와 화해, 삶과 죽음의 의미와 가치, 애도의 중요성, 유언과 상속, 장례와 장묘 문화, 연명의료와 존엄한 삶, 버킷리스트 등으로

---

134) 일반적으로 웰다잉 교육 프로그램은 5~15회기 등 횟수가 다르게 진행되는 경우가 있으나, 이나영의 「발달단계별 죽음 준비 교육 메타분석」에 따르면 성인을 대상으로 하는 프로그램의 경우 회기당 시간은 60분 이상 120분 미만, 평균 8회 미만이 가장 많은 것으로 연구되었다. 이에 필자는 회기당 120분 10회기로 프로그램 회기를 구성하였다.

구성하였고, 하위 주제에 맞는 설화 작품 8개를 선정하였다. 대상은 성인기를 생애주기에 따라 초기, 중기, 후기로 구분하여 청년, 중년, 노년으로 나누었다. 설화 8개 주제 중 공통적으로 남녀노소 모두 적용할 수 있는 6개의 작품과, 발달적 상황에 따라 다른 2개의 설화 작품을 추가로 선정하였다. 설화는 참여자가 자신이 겪고 있는 어려움의 근원이 되는 발달적 문제를 자극할 수 있는 것이어야 한다.[135] 그래야만 참여자가 적극적으로 설화에 반응하여 자기 서사를 드러낼 수 있다. 서사를 잘 드러낼 수 있도록 하는 것이 치료 과정에서 중요하기 때문이다.

설화 작품 선정은 신동흔이 개발한 MMSS[136]의 설화 작품에서 웰다잉 관련 주제에 적합한 작품을 선정하였고, MMSS의 설화 작품과 웰다잉 관련 주제를 연결할 수 없는 주제는 별도로 지도교수과 상의하여 선정하였다. MMSS는 허구적 완결성이 두드러진 민담을 기본 매개체로 삼음으로써 서사적 투사가 많은 질문들로 이루어져 있다. 다양한 계층을 대상으로 MMSS진단을 활용해본 결

---

135) 조은상, 「문학치료의 발달적 접근」, 『고전문학과 교육』 37집, 2018, p. 18

136) MMSS는 'Magic Mirror for the Story-in-depth of Self'의 약자이며, 우리말로 풀면 '내 안의 심층 서사를 비춰주는 마법의 거울'이라는 뜻으로 신동흔이 개발한 서사 진단지이다. 진단의 대상은 자기 서사이고 그 매개체는 작품 서사이다. 작품 서사에 대한 반응과 공명을 확인하고 점검하여 사람들의 이면에 깃들어 있는 자기 서사의 특성과 맥락을 짚어내는 방식이다. 진단지는 서사의 제 측면에 걸친 특성을 다각적으로 짚어낼 수 있도록 구성되어 있다. 존재적 측면에서 자기 정체성과 세계 인식, 가치관 및 인생관, 기질과 성향, 행동 특성심리 상태 등을 서사적 관점에서 짚어보게 되며, 관계적 측면에서 자녀와 남녀 서사, 부부 서사, 부모 서사, 형제 서사, 사회 서사에 걸친 특성을 보게 된다. MMSS는 종합적 진단을 추구하지만, 특정한 서사 영역이나 문제에 초점을 맞춘 진단의 가능성을 열어놓고 있다(신동흔, 「문학치료를 위한 자기 서사 진단과 해석 연구—MMSS진단지의 성격과 구성」, 『문학치료연구』 제54집, 한국문학치료학회, 2020, p. 13).

과, 웰다잉 관련 주제와 맞는 작품이 많고 주어진 질문들이 작품 서사 및 자기 서사의 서사적 투사가 많은 질문으로서 자기 이해와 삶과 죽음에 관한 태도 서사 분석에 유효한 작품이 많기 때문에 일부 작품과 질문지를 사용하였다. MMSS는 종합적 진단을 추구하지만, 특정한 서사 영역이나 문제에 초점을 맞춘 진단의 가능성을 열어놓고 있기 때문에[137] 허락을 받고 부분적으로 사용하는 것이 가능하다.

---

137) 신동흔, 「문학치료를 위한 자기 서사 진단과 해석 연구—MMSS진단지의 성격과 구성」, 『문학치료연구』 제54집, 한국문학치료학회, 2020, p. 14

3.
프로그램의 방법과 실제

전체 프로그램은 매주 1회 2시간씩 10강으로 구성하였다. 2강에서 8강은 각 주제에 맞는 설화 7개와 웰다잉 활동을 선정하였다. 1강은 오리엔테이션이고, 10강은 치유적 글쓰기와 종강이므로 설화는 제외하였다. 프로그램의 방법은 아래와 같다.

1강 오리엔테이션, 꽃 그림지

오리엔테이션에서 활동지 '꽃 그림지'을 사용하여 자기소개를 한다. 꽃 그림지를 사용한 이유는 두 가지이다. 첫째, 참여자와 연구자(필자) 간의 친밀감과 신뢰감을 쌓기 위함이다. 프로그램 초기 단계에서 참여자와 연구자의 신뢰와 친밀감은 프로그램 참여에 대한 참여자의 부담과 저항을 줄이고 적극적으로 참여하도록 하는 데 중요한 역할을 한다. 참여자의 자기소개를 잘 들어주고 공감해줌으로써 서로를 이해하는 도구로 사용할 수 있다. 둘째, 간단한 질문이지만 네 가지 질문의 응답을 통해 참여자의 성향이나 프로그램 참여 동기, 죽음에 관한 상실과 사별 경험 등을 포함해 죽음에 관한 사연과 두려움을 알 수 있다. 이러한 참여자의 경험과 참여자의 경험적 정보는 프로그램을 효율적으로 진행하는 데 도움을 줄 수 있기 때문이다. 또한 색연필이나 크레파스를 사용해 꽃 그림지를 색칠하게 하는 활동으로 내면을 표현하고 감정의 이완을 경험하며 심리적 안녕감을 얻는 등 '미술치료' 기법을 활용한 통합적 교육의 효과를 기대할 수 있다.[138]

2강 나의 가치관 발견: 「복 빌린 나무꾼」, 인생 그래프 그리기

'나의 가치관 발견'이라는 주제에 「복 빌린 나무꾼」을 통해 자기 서사적 탐색 활동과 '인생 그래프 작성하기' 활동을 연계한다. 「복 빌린 나무꾼」은 작품 서사와 캐릭터적 연결에 초점을 맞춘 내용으로, '차복과 석숭'이라는 이질적 캐릭터를 거울로 삼아 자기 정체성

---

138) 차수경, 「색칠하기 도안을 활용한 집단미술치료가 주간 보호시설 이용 노인의 인지기능과 우울에 미치는 영향」, 동국대학교 문화예술대학원 예술치료학과 석사학위논문, 2021, p. 18

과 성향이 단적으로 드러나는 질문으로 구성되어 있다.[139]

사람들이 저마다 '복'에 대해 가지고 있는 가치와 기준이 다름에 주목한다. 참여자가 가지고 있는 복에 관한 가치관은 자신의 삶에 영향을 주었을 것이다. 그동안 살아오면서 만들어진 가치관은 자기도 모르게 어떤 상황에서 선택적 행동을 할 수 있게 하는 기준이 된다. 사람들은 회고할 때 인생의 의미나 목적을 찾기 위해 떠올린 기억들을 평가하는데, 과거 사건들에 대한 평가란 현재의 사회적, 심리적, 문화적 상황에 견주어 기억의 의미를 재해석하는 것이다.[140] 따라서 자신의 행동이나 지나온 삶의 태도와 자신의 가치관을 통해 존재론적 자기가 누구인지 탐색할 수 있을 것이다. 또한 차복이가 아무리 해도 가난을 면할 수 없게 되자 그 이유를 알기 위해 나뭇짐 사이에 들어가 하늘에 올라가게 되었고, 그곳에서 자신의 복주머니가 작아서 부자가 되지 못하는 이유도 알게 된다. 그러나 차복이는 여기에서 포기하지 않고 왕께 간청하여 커다란 복주머니의 소유자로 아직 태어나지 않은 석숭이의 복주머니를 빌려오게 되고 그 덕분에 부자로 잘살게 된다. 곧 차복이의 적극적인 삶의 태도에 주목하여 참여자는 차복이와 비교하여 자신의 태도와 삶의 가치관을 탐색해보고자 하였다.

연계한 웰다잉 활동으로 '인생 그래프 그리기'는 자신의 태도와

---

139) 신동흔, 「문학치료를 위한 서사 진단지」, p. 48
140) 임미옥, 「회고 주제 문학치료 프로그램이 노년기 자아통합감 성취에 미치는 영향」, 나사렛대학교 석사학위논문, 2018

삶의 가치관을 탐색하는 과정과 연결된다. 삶의 회고를 통해 가장 힘들었던 때와 사건, 그리고 행복하고 좋았던 때가 언제였는지 확인하는 것은 자신의 삶을 긍정할 것인가 부정적으로 볼 것인가 스스로 해석하는 것이다. 똑같은 사건이 발생했어도 사건을 바라보는 해석에 따라 이후 마음이나 행동에 영향을 줄 수 있기 때문이다. 삶에 어려운 문제는 누구나 경험할 수 있지만 그 문제나 사건을 긍정적으로 해석하여 성장을 위한 건강한 서사로 나아가는 것은 자신의 몫인 것이다. 「복 빌린 나무꾼」의 주인공 차복이의 삶의 태도와 연관 지어, 「복 빌린 나무꾼」에서 일어난 서사적 반응을 강화하고 통합할 수 있도록 연계하였다.

3장 용서와 화해: 「엎질러진 물」, 편지 쓰기

'용서와 화해'의 주제를 통해 자신의 인간적 관계 서사를 탐색해 볼 수 있는 설화 작품으로 「엎질러진 물」을 선정하였고, 웰다잉 활동은 '편지 쓰기'를 연계하였다. 「엎질러진 물」은 부부관계 서사에 대한 것으로, 성인 중기 및 후기 참여자 대상으로 적절한 내용이다. 자신의 부부관계 혹은 인간관계에서 얽힌 문제를 파악하고 풀어야 할 인간관계를 생각해볼 수 있다. 핵심적인 진단 지표는 이해-

거리, 쌍방-일방, 포용-배격, 화해-갈등, 지속-단절 등의 문제다.[141] 인간은 사회적 존재이기 때문에 관계가 원만하고 문제가 없어야 행복하기 때문이다. 또한 작품을 통해 부부 문제뿐만 아니라 남녀 서사, 부모 서사, 자녀 서사, 형제 서사, 사회 서사에서 자신의 서사와 관계 서사의 문제를 확인할 수 있을 것이다. MMSS 서사 진단의 질문 내용을 그대로 사용하였다. 그리고 그 발견된 관계 서사 중 관계를 개선하고 싶은 사람에게 '편지 쓰기'를 함으로써 「엎질러진 물」의 서사 반응을 강화하고 통합하여 문학치료의 효과와 웰다잉의 목적을 강화할 수 있도록 하였다.

4강 죽음의 이해: 「바리공주」, 죽음 연상 단어 작성하기

설화 작품 「바리공주」를 통해 죽음의 의미와 가치를 탐색할 수 있게 하며, 웰다잉 활동으로 죽음에 관한 참여자의 변화를 점검하기 위해 '죽음 연상 단어'를 프로그램 전후에 작성하도록 한다. 죽음 연상 단어를 작성하는 것은 죽음의 정의나 죽음과 관련 정서적 감정들이 개인마다 다르므로 「바리공주」를 통해 확인된 죽음 관련

---

141) 신동흔, 위의 논문, p. 44

정서적 감정 및 죽음의 의미를 확인하고 강화하는 데 있다. 또한 「바리공주」 작품 활동 서사 반응 나누기 전후를 비교하기 위한 것으로, 그전에 죽음에 대해 이해하던 것과 「바리공주」 작품을 나누고 나서 변화된 죽음 이해를 확인하고자 하는 것이다. 죽음과 관련하여 떠오르는 단어를 작성하게 하는 것은 「바리공주」의 서사적 반응을 강화하고 죽음 관련 이해를 통합하는 상생의 연계 활동이라 할 수 있다.

5장 애도의 중요성: 「신데렐라(아셴푸텔)」, 상실 애도 경험 나누기

작품 「신데렐라(아셴푸텔)」를 '애도의 중요성'의 주제로 선정하였고, 웰다잉 활동으로 '애도와 상실 경험 나누기'를 한다. 사람은 누구나 한 번 이상은 가까운 가족의 죽음을 경험하고 그 슬픔과 고통을 겪어낸다. 그때 어떻게 애도 과정을 잘 겪어냈느냐에 따라서 건강한 서사로 나아가서 성장을 하거나 그렇지 못하면 상실의 상처와 트라우마를 가지고 살아가게 된다.

작품의 주인공 신데렐라는 엄마와의 사별로 인한 상실로 하늘이 무너지는 충격과 슬픔을 겪었지만 엄마 산소에 매일 다니면서 자신의 서러움과 슬픔을 표현하고 토해내며 애도의 시간을 보낸다.

신데렐라의 이러한 애도 과정에 주목하여 애도의 중요성에 주안점을 두고 작품을 활용하고자 한다. 애도 과정을 잘 겪어냈기에 신데렐라는 낯선 새엄마와 의붓언니들의 존재 아래에서도 당당한 서사로 나아가게 된다. 그래서 왕자가 신붓감을 고르기 위해 베푼 무도회에도 참석하게 되는 것이다.

'애도와 상실 경험 나누기' 웰다잉 활동은 「신데렐라」의 서사적 반응에 대해 보충하거나 강화하는 것으로 자신이 겪었던 상실의 경험을 어떻게 겪어왔는지, 지금은 그 상처에서 벗어났는지, 아직도 그런 고통이 있는지 확인함으로써 이미 지난 과거에 일어났던 상처에서 벗어나서 건강한 서사로 나아가도록 도울 수 있을 것이다.

6강 유언과 상속: 「아버지의 유산」, 유언장 작성

죽음에 대한 실제적인 준비로서 '유언과 상속'의 주제를 다루기 위한 작품으로 「아버지의 유산」을 선정하였고, 웰다잉 활동은 '유언장 작성하기'를 연계하여 활동한다. 유언과 상속에 대한 준비는 성인기 중기, 후기에 꼭 필요한 내용으로 죽음에 대한 실제적 준비가 될 뿐만 아니라 자신의 살아온 삶을 다시 재인식할 수 있을 것이다.

설화 「아버지의 유산」은 아버지의 죽음 후 보잘것없이 남겨진 것들을 가지고 세 아들이 성공해서 잘살게 된다는 이야기인데, 아버지의 남겨진 유산을 통해 아버지가 어떻게 살았는지, 물질적인 유산은 보잘것없는 것이었지만 정신적인 유산이나 삶의 태도와 가치관을 발견하게 하는 것에 주목하였다. 웰다잉 활동으로 연계한 '유언장 작성'은 「아버지의 유산」의 서사적 반응을 더 강화하고 통합할 수 있도록 연계하였다. '유언장 작성'은 성인 중기, 후기에 있는 참여자들에게 자신의 죽음 이후를 절실히 생각해볼 수 있게 해 주는 활동이다. 참여자 자신도 자녀들에게 어떤 가치관과 삶의 태도를 남길 수 있는지 탐색해봄으로써 자녀들과의 관계도 다시 생각해볼 수 있을 것이다.

7강 장례와 장묘: 「사람 살리고 얻은 명당」, 사전장례의향서

죽음에 대한 실제적인 준비 관련한 두 번째 주제는 '장례와 장묘'이며, 설화 「죽을 사람 살리고 얻은 명당」을 선정하였다. 웰다잉 활동은 '사전장례의향서'를 작성하는 것이다. 제목은 장례와 장묘라고 할 수도 있고, 장례식을 '마지막 축제'로 할 수도 있다. 마지막 축제라고 한 이유는 다음과 같다. 사람은 대부분 많은 사람의 사랑과 축복 속에 태어나고 매년 생일 축하를 받으며, 가장 중요한 순간마다 졸업식, 입학식, 결혼식, 고희연 등 통과의례인 예식이자 축하를 받으며 다음 단계로 나아간다. 그리고 가장 마지막의 자신을 위한 예식은 장례식인데 인생의 마지막 의례인만큼 축제처럼 잘 준비하자는 상징적 의미이다.

설화 「죽을 사람 살리고 얻은 명당」을 선정한 이유는 '명당'이라는 화소를 통해 내 장례와 장묘에 연계해서 생각해보도록 하기 위함이다. 지금은 장묘 방법이 변화되어 매장보다는 화장이 훨씬 많아졌고 화장 후 봉안당이나 자연장으로 하는 추세이다. 그럼에도 명당이라는 화소를 통해 본 설화를 다루려는 것은 자신의 장례나 장묘 방법 등을 숙고해서 준비할 수 있게 하고자 함이다.

'사전장례의향서'는 장례와 장묘 방법에 관한 자신의 의견을 남겨놓는 의향서로서 설화를 통해 나타난 서사적 반응을 더 강화할 수 있도록 하는 데 목적이 있다. 장례식에 특별히 하거나 하지 말아야 할 것들이 있는지, 장묘 방법은 어떻게 할지 구체적으로 생각해볼 수 있게 하는 것이다.

8강 존엄한 삶: 「무수옹」, 사전연명의료의향서

　남은 삶에 대한 의지 확보에서 '존엄한 삶'을 위한 주제로 「무수옹」을 선정하였고, 웰다잉 활동으로는 '사전연명의료의향서'를 설명하고 원하는 사람에게는 작성할 수 있게 한다. 웰다잉 교육은 죽음에 대한 교육이자 죽음에 대한 준비 교육이기도 하기 때문에 죽음과 관련된 이야기를 많이 하게 되지만, 결국 삶과 연관이 있다. 삶을 잘 살기 위한 삶의 교육이므로 삶의 이야기로 끝마쳐야 한다. 죽음을 숙고한 후에는 삶의 소중함을 깨달아서 소중한 삶을 잘 살아가도록 하는 것이 목적이다.

　「무수옹」이라는 인물을 통해 삶의 피할 수 없는 고민이나 어려움을 당했을 때 우리가 어떤 태도로 임할 것인지를 배울 수 있다. 또한 사는 동안 너무 걱정과 근심에 휘둘리지 말고 행복하게 살기를 바라는 마음을 가질 수 있다.

　웰다잉 활동 '사전연명의료의향서'는 「무수옹」의 서사적 반응을 보충하고 통합하는 목적으로 연계하였다. 후회 없이 잘 살아온 사람은 생의 마지막에 연명의료에 매달리지 않는다는 것에 주목하여, 끝까지 '존엄한 삶'을 살기 위해 우리의 임종의 모습은 어떤 모습이어야 하는지 생각해볼 수 있도록 하였다.

9강 버킷리스트: 「브레멘 음악대」, 버킷리스트 작성

　남은 삶에 대한 의지 확보를 위해 두번째 주제는 '소중한 삶 어떻게 살 것인가' 하는 것에 초점을 맞추었다. 독일 민담 「브레멘 음악대」를 사용하였고, 웰다잉 활동으로 '버킷리스트 작성'을 연계하였다. 「브레멘 음악대」는 성인기 초기, 중기, 후기에 해당되는 서사로, 살아가면서 실패하기도 하고 버려진 존재같이 쓸모없어진 존재가 되기도 할 때 어떻게 태도를 취할 것인지 탐색해볼 수 있도록 한다. 사업의 실패나, 나이 들어서 퇴직이나 질병을 얻게 되는 등 자신의 능력과 사회적 변화에 대해 어떻게 받아들이고 어떤 태도로 살아갈지 탐색해볼 수 있다.

　웰다잉 활동으로 '버킷리스트 작성'은 「무수옹」을 통해 드러난 서사적 반응을 보충하거나 통합하는 목적이다. 자신이 생애 동안 꼭 해야 하는 일이나, 꼭 이루고 싶은 것, 해보고 싶은 것 등을 작성해봄으로써 후회 없는 삶을 살도록 도울 수 있다. 성인기 초기에도 의외로 자신이 하고 싶은 일이 없는 사람이 있고, 앞으로의 삶에 자신이 없는 사람이 있다. 더 많은 인생을 살아온 중년이나 노년기에는 더 자신의 쓸모없어짐에 대하여 허무감을 느낄 수 있지만 「무수옹」의 태도를 살펴보고 '버킷리스트'를 작성해봄으로써 자신의 살아갈 미래에 긍정적 의지를 갖도록 도울 수 있다.

⑩장 다시 쓰는 이야기: 작품 다시 쓰기, 소감문

이번 프로그램에서는 총 8개의 설화 작품을 통해 주제를 나눈다. 마지막 시간에는 그동안 나눈 설화 작품 중 자신이 다시 고쳐 쓰고 싶은 이야기를 선택해서, 참여자 마음대로 다시 고쳐 쓰는 것이다. 다시 쓰기는 문학치료학에서 많이 사용되는 방법으로, 이야기를 다시 쓰기 위해서는 텍스트에 대한 이해가 우선 되어야 하며 재구성한 이야기를 분석적으로 독해하는 과정을 통해 자기 탐색을 하게 된다. 이 과정에서 참여자는 주체로서 자신의 배후에 존재하는 사회·문화적 맥락과 집단적 가치·규범을 비판적으로 사유할 기회를 갖게 된다.[142]

이렇게 새로 구성된 이야기는 자기 삶의 대안적 이야기의 구성이 될 수 있으며 자기 정체성과 삶의 방식, 세계 인식 태도, 심리적 기제 등에 영향을 미친다고 볼 수 있다.[143] 따라서 어떤 설화가 참여자의 마음에 들었든지, 마음에 들지 않았든지 그 설화를 선택했다는 것은 자기 서사와의 연관성이 있다. 나아가 이야기를 다시 쓰는 것은 자기 서사를 재구성하여 새로운 갈림길을 모색하는 것이 될 수 있다. 다시 쓰기 활동은 자기 삶에 던져진 미해결 문제를 객관

---

142) 김영희, 「구전이야기 '다시 쓰기'를 활용한 자기탐색 글쓰기 교육」, 『구비문학연구』, 제34집, 한국구비문학회, 2012, p. 185
143) 위의 논문, p. 212

화하며 거리 두기를 할 수 있다는 장점이 있으며,[144] 자기 서사에
여러 갈림길이 있음을 알게 되어 삶에서 다양한 해결 방법을 모색
해보게 됨으로써 건강한 서사로 나아가게 할 수 있다.

---

144) 김정은, 『옛이야기와 자기 발견의 스토리텔링』, 그래비티북스, 2020, p. 202

제5장

설화를 활용한
웰다잉 교육 프로그램의 세부 내용

1.
프로그램의 설계

전체 10회기 프로그램 중 1회기와 10회기는 프로그램 소개 및 마음 열기, 사전 검사를 실시하고 10회기는 종강으로서 '치유적 글쓰기'와 소감을 나누는 시간으로 구성하였다. '치유적 글쓰기'는 8회기 프로그램을 통해 알게 된 설화 8편 중 가장 마음에 드는 작품을 선정하여 다시 쓰고 싶은 부분을 참여자가 고쳐 쓰는 시간을 갖고 소감문을 쓰는 시간으로 구성하였다. 교육 프로그램 설계의 구성 및 주요 내용은 다음의 표와 같다.

설화를 활용한 문학치료적 웰다잉 교육 프로그램 설계

구분		주제	내용	시간
지난 삶의 회고를 통한 자기 발견	1강	오리엔테이션 • 프로그램 소개 • 마음 열기	• 프로그램 소개 • 동의서 작성 • 사전척도검사 • 자기소개: 꽃 그림지	2
	2강	나는 누구인가 • 나의 가치관 발견	• 「복 빌린 나무꾼」(중년, 노년) • 「내 복에 산다」(성인 초기) • MMSS 작성 및 이야기 나눔 • 인생 그래프	2
	3강	행복한 관계 • 용서와 화해	• 「엎질러진 물」(중년, 노년) • 「역적누명과 회초리」(성인 초기) • MMSS 작성 및 이야기 나눔 • 편지 쓰기	2
죽음 인식	4강	죽음의 이해 • 죽음의 의미와 삶의 가치	• 「바리공주」 • MMSS 작성 및 이야기 나눔 • 죽음 연상 단어 기록지	2
	5강	상실 치유와 애도 • 애도의 중요성	• 「신데렐라(아셴푸텔)」 • MMSS 작성 및 이야기 나눔 • 상실과 애도의 경험 나눔	2
죽음에 대한 준비	6강	무엇을 남길 것인가 • 유언과 상속	• 「아버지의 유산」 • 질문지 작성 및 이야기 나눔 • 유언장 작성	2
	7강	마지막 축제 • 장례와 장묘	• 「사람 살리고 얻은 명당」 • 질문지 작성 및 이야기 나눔 • 사전장례의향서	2
남은 삶에 대한 의지 확보	8강	아름다운 마무리 • 존엄한 삶	• 「무수옹」 • MMSS 작성 및 이야기 나눔 • 사전연명의료의향서	2
	9강	버킷리스트 • 소중한 삶, 어떻게 살 것인가	• 「브레멘 음악대」 • MMSS 작성 및 이야기 나눔 • 버킷리스트 작성	2
	10강	치유적 글쓰기 • 다시 쓰는 이야기 종강 • 마무리 강의 및 소감 나누기	• 가장 마음에 드는 작품을 선정하여 고치고 싶은 부분을 다시 쓰기 • 소감문 작성 및 나눔 • 사후 검사 • 프로그램 만족도	2

2.
프로그램의 세부 내용

1강 오리엔테이션

첫 시간에는 프로그램의 목적과 방향을 소개하며 참여자(내담
자)의 '마음 열기'를 한다. 진행자와 친밀감을 형성하고 참여자의
성향이나 정보를 파악하여 프로그램에 반영할 수 있도록 하기 위
한 목적이다. 먼저 프로그램 연구 동의서, 죽음 불안 사전 검사,
자아존중감 사전 검사를 한다. 그 후 '마음 열기'를 위해 진행자
소개 및 참여자 자기소개를 한다. 참여자가 자기 스스로 자기소개
를 할 수 있도록 질문지가 기록되어 있는 '꽃 그림지'를 활용한다.
질문의 내용은 네 가지로, 참여자 스스로를 탐색해볼 수 있는 질
문이다. '가장 좋아하는 것', '가장 잘하는 것', '가장 기뻤던 일', '별
명', '죽음에 대한 기억'이다. '가장 좋아하는 것'을 통해 참여자의
성향이나 취미 등을 탐색할 수 있고, '가장 잘하는 것'은 참여자 자
신을 어떻게 생각하는지 짐작할 수 있는 내용이며, '가장 기뻤던
일'은 가족관계나 삶의 긍정성을 확인할 수 있는 표지이다. '별명'은

어릴 때 나의 별명은 무엇이었는지 작성해보도록 하는 것이다. 별명이 없다면 갖고 싶었던 별명이 있었는지 작성하도록 한다. 이는 어릴 적 추억이나 자신의 모습을 회상해볼 수 있게 하는 것이 목적이다. '죽음에 대한 기억'은 그동안 살면서 겪은 가까운 가족의 죽음의 상처나 자살 경험 등 죽음에 대한 불안과 두려움을 확인하기 위한 목적이다.

이후 네 가지 질문의 꽃 그림지를 작성하고 한 명씩 작성한 내용으로 자기소개를 하도록 한다. 참여자들의 자기소개가 다 끝나면 색연필을 이용해 꽃 그림지를 예쁘게 색칠하도록 한다. 꽃 그림지의 내용으로 자기소개를 통해 친밀감을 형성하고 서로 이해하는 기회를 제공하며, 참여자마다 각자 좋아하는 색으로 꽃 그림지를 색칠한다. 색연필이나 크레파스를 사용해 꽃 그림지를 색칠하게 하는 활동은 내면을 표현하고 감정의 이완을 경험하며 심리적 안녕감을 얻는 등 '미술치료' 기법을 활용한 통합적 교육의 효과를 기대할 수 있다.[145]

---

145) 차수경, 『색칠하기 도안을 활용한 집단미술치료가 주간 보호시설 이용 노인의 인지기능과 우울에 미치는 영향』, 동국대학교 문화예술대학원 예술치료학과 석사학위논문, 2021, p. 18

1강 - 오리엔테이션

단계	활동 내용	활용 설화	활동
도입	• 프로그램 소개 • 연구 동의서 작성 • 사전 진단	설화 사용 없음	
전개1	• 참여자 자기소개 작성		꽃 그림지 작성
전개2	• 작성한 꽃 그림지 활용 • 자기소개 발표하기		발표 후 꽃 그림지 색칠하기
마무리	• 참여자 지지해주기 • 소감 나누기		

2강 나의 가치관 발견

(1) 내용

첫 번째 대주제 '지난 삶의 회고를 통한 자기 발견'은 내가 누구인지, 내가 어떤 사람인지 등 인간에 대한 근본 물음을 통해 자신의 정체성을 파악하고자 하는 것이다. 첫 번째 '나의 가치관 발견'을 통해 자기 인식과 세계 인식, 심리 상태, 관계의 태도 등을 살펴볼 수 있을 것이다.

도입은 먼저 진행자(상담자)가 참여자에게 설화 작품 내용을 들려주는 것이다. 이때 진행자의 개인적 주관이 개입되지 않도록 주의하면서 최대한 원문 설화의 내용에 충실하게 구연한다. 첫 번째 전개에서는 질문지를 참여자에게 나누어주고 질문에 대한 답을 작성하게 한다. 질문지는 MMSS의 'U. 복 빌린 나무꾼'을 사용하였다. 두 번째 전개로는 참여자가 작성한 질문지를 가지고 이야기를 나누게 된다. 이야기를 나눌 때는 필자가 두 가지 질문을 추가하였다. 작품 내용과 관련하여 '나는 차복이와 석숭이 중 누구와 닮았다고 생각하는지'와 '내가 생각하는 복은 무엇인지, 그렇다면 나는 복이 있는 사람인지' 물어봄으로써 자신이 살아온 삶이나 자신이 생각하는 자신의 주관적 평가를 해보고자 한다. 세 번째 전개는 연계된 웰다잉 활동으로 '인생 그래프 그리기'이다. 인생 그래프 그리기는 지금까지의 삶을 회상해보고 적극적 회상을 통해 행복했던 시기나 사건, 혹은 불행했던 시기와 사건을 좌표에 나타냄으로써 주관적 평가를 하게 하고 자신을 이해하는 효과를 기대할 수 있다. 그린 인생 그래프를 가지고 참여자가 살아온 삶의 이야기를 나눈다. 그래프가 마이너스 부분에 있다면 그때 무슨 사건이 있었는지 등 시기마다 특징이 되는 지점들에 대해 질문을 하며 참여자가 자신의 이야기를 할 수 있게 한다.

　개인이 아니라 집단으로 진행할 때에는 참여자가 그린 자신의 그래프를 설명하며 발표하는 시간을 갖는다. 그리고 자신의 인생 그래프뿐만 아니라 다른 사람의 인생 그래프를 살펴봄으로써 대부분의 모든 인생은 저마다 굴곡이 있음을 이해한다. 사람에 대한 이해도 생기게 된다. 인생은 좋은 일로만 이루어진 것이 아니다. 기쁜 일도, 슬픈 일도 모두 내 인생이다. 받아들이고 수용하는 것이 필요하다. 마무리는 참여자가 느낀 점이나 깨달은 점 등 소감을 이야기하게 하며 소감 나눔을 한 후 마무리한다. 주요 내용은 다음 표와 같다.

2강 - 나의 가치관 발견

단계	주요 내용	활동
도입	• 「복 빌린 나무꾼」 들려주기	
전개 1	• MMSS 질문지 작성하기	MMSS 질문지 작성
전개 2	• MMSS 작성한 질문지를 통해 이야기 나누기 U-1. 저런 복 창고가 진짜로 있다면 나의 주머니는 평균보다 클 것이다? 아니다? 왜 그렇게 생각하는지 말해 본다. U-2. 가난한 사람이 갑자기 일이 잘 풀려서 부자가 되는 건 비현실적인가? 주위에 그런 예를 보았나? U-3. 차복이 잘된 결과의 _____%는 그 자신의 노력과 선택에 따른 것이다. 보충 설명: _____ U-4. 나였더라도 차복의 재산을 선뜻 받았을 것이다? 　　 나였더라면 아마도 _____ U-5. 나는 이 이야기가 마음에 든다? • 추가 질문 1. 나는 차복이와 닮은 사람인가? 석숭이와 닮은 사람인가? 그 이유는 무엇인가? 2. 내가 생각하는 '복'이란 무엇인가? 그럼 나는 복 있는 사람인가?	이야기 나눔
전개 3	• 웰다잉 활동 • 인생 그래프 작성하기 • 발표하고 나누기	인생 그래프 작성과 나눔
마무리	• 오늘의 소감 나누기	

(2) 「복 빌린 나무꾼」 내용과 선정 이유

「복 빌린 나무꾼」 내용 -

① 옛날에 차복이라는 나무꾼이 살았는데, 아무리 열심히 일해도 가난을
　 면할 수 없었다.

② 단단히 결심하고 새벽부터 밤늦게까지 일을 해서 하루에 한 짐 하던 나
　 무를 두 짐씩 했다.

③ 그런데 아침에 일어나보면 늘 한 짐이 사라지고 없었다.

④ 어느 날 밤 차복이는 나뭇짐 속에 숨어서 살피는데 나뭇짐이 둥실 떠올
　 라서 하늘나라 왕 앞으로 가는 것이었다.

⑤ 차복이가 하늘 왕 앞으로 뛰어나가 어떻게 된 일이냐고 물었다. 그러자
　 왕은 복 없는 자가 욕심을 내서 그리된 것이냐 했다.

⑥ 하늘 왕은 차복이에게 사람들의 복주머니 창고를 보여주었는데, 차복
　 의 복주머니는 형편없이 작았다.

⑦ 차복이 자세히 보니까 유난히 큰 자루가 하나 있는데, 아직 세상에 태
　 어나지 않은 석숭이의 것이었다.

⑧ 차복이는 왕한테 그 복을 빌려달라고 간청했고, 왕은 주인이 일곱 살 되
　 면 돌려주는 조건으로 허락을 했다.

⑨ 다음 날부터 차복이는 하는 일마다 슬슬 잘 풀려서 큰 부자가 됐다.

⑩ 어느 날 거지 부부가 그 집에 구걸을 왔다. 그런데 그 아내가 만삭이었다.

⑪ 차복이는 그들을 자기 집에 머물러 지내면서 아기를 낳게 했다.

⑫ 부부는 얼마 뒤 아들을 낳았는데 이름을 '석숭'이라고 지었다. 복의 주인
　 이 나타난 것이었다.

⑬ 차복은 그들과 함께 살다가 석숭이 일곱 살이 되자 하늘에서 있었던 일
　 을 말하며 전 재산을 주겠다고 했다.

⑭ 부부가 어쩔 줄 몰라 머뭇거리는데 어린 석숭이 나서면서 "내 복인데 받
　 아야지요!" 하면서 냉큼 받았다.

⑮ 재산을 넘겨받은 석숭은 차복을 양아버지로 모시고서 함께 살았다. 뒷
　 날 세상에서 제일가는 부자가 되었다고 한다.

「복 빌린 나무꾼」은 차복이와 석숭이라는 두 캐릭터를 통해 참여자의 서사적 반응을 보고 그동안 살아온 삶의 태도와 가치관을 살펴보고자 하였다. 「복 빌린 나무꾼」은 자기와 세계에 대한 부정적 인식과 긍정적인 인식이 잘 드러나는 작품으로 자기 인식과 세계 인식, 심리 상태, 사회적 관계 맺기 등 자신과 관련하여 유효한 표지들을 짚어낼 수 있다.[146]

'자기'란 자기 자신에 대한 개인의 주관적인 지각, 인식, 평가를 반영하는 인지적 관념을 말한다. 자기개념은 시간적으로 지속되는 일관성 있는 동일한 개체라는 의식을 포함하며 시간의 흐름과 경험의 누적으로 인한 변화에도 불구하고 과거, 현재, 미래를 통하여 동일한 존재라는 자기 정체성을 갖게 한다. 그러므로 죽음을 생각하기에 앞서 나를 탐색하며 나의 이해를 하는 것은 중요하다. 그러므로 작품 서사를 통해 자신이 어떻게 결정하며 살아왔는지, 그동안 자신을 이끌어온 자기의 가치관은 어떻게 형성되었는지 탐색해 볼 수 있을 것이다. 사람이 살아온 삶의 태도나 행동을 보면 자신의 가치관을 알 수 있고, 가치관 안에 담긴 자기를 발견할 수 있다.

「복 빌린 나무꾼」을 통하여 정말 복이란 무엇인지, 복을 받기 위해서 자신은 어떤 노력을 해왔는지, 그리고 어떻게 나누고 베풀고 살아왔는지 알 수 있고, 자신이 생각하는 복에 대한 가치관을 살펴봄으로써 자신의 인생관과 가치관을 탐색해 그 서사적 반응 안

---

146) 신동흔, 위의 논문, p. 48

에 깃든 자신을 발견할 수 있는 것에 주목하였다.

차복이는 열심히 일했으나 자신의 살림살이가 늘어나지 않자 적극적으로 나뭇짐을 따라 하늘에까지 올라가고, 그곳에서 자신의 복주머니가 작아서 부자가 되지 못하는 이유도 알게 된다. 그러나 차복이는 여기에서 포기하지 않고 왕께 간청하여 커다란 복주머니의 소유자로 아직 태어나지 않은 석숭이의 복주머니를 빌려오게 되고 그 덕분에 부자로 잘살게 된다. 이때 차복이 운명에 굴하지 않고 적극적으로 간청하고 행동하는 모습을 통해 자신의 삶의 태도와 비교해보는 질문을 할 수 있다.

또한 그렇게 하늘 왕께 간청하여 자신의 복이 아닌 다른 사람의 복을 빌려다 잘살았더라도 하늘 왕과 약속한 대로 그 주인에게 다 돌려줄 수 있을 것인가에 주목하여 이야기를 나눌 수 있다. 실제로 자신에 대해 자신이 어떤 사람인지 평가해보라고 하면 사람은 '나'에 대하여 진술하는 일이나 '나의 반응'이 평가 대상이 되는 일은 어떤 식으로든 심적 부담감이 되어 자신을 방어하거나 솔직하지 않을 수 있다.

자신의 이야기를 하는 것이 아니라 「복 빌린 나무꾼」의 석숭이와 차복이를 통하여 넌지시 건너다보거나 내려다보는 형태로 접속함으로써 심리적 압박감을 덜어낼 수 있고, 자유로운 입장에서 적극적인 반응이 가능할 것이다.

3장 용서와 화해

(1) 내용

도입에서는 관계의 중요성에 대해서 생각해 보자고 하며 작품 「엎질러진 물」을 연구자(상담자)가 참여자에게 들려준다. 전개는 3개의 과정을 거친다. 전개 1은 MMSS 'M. 엎질러진 물' 질문지를 나누어주고 참여자가 작성하도록 한다. 전개 2는 참여자가 작성한 MMSS 'M. 엎질러진 물'의 응답을 가지고 보다 집중적으로 연구자와 이야기를 나눈다. 전개 3은 웰다잉 활동과 연계하여 '편지 쓰기'를 진행한다. 자신이 화해하고 싶은 사람이 있는지, 누구에게 편지를 쓰고 싶은지 생각한 후 참여자가 편지를 쓰고 싶은 사람에게 편지를 작성한다. 그리고 참여자가 편지를 쓴 대상의 입장에서 참여자에게 다시 편지를 작성한다. 편지를 작성한 것을 참여자가 읽어준다. 마무리는 오늘 프로그램을 통해 느낀 점이나 감상 등 소감을 나누고 마무리한다. 내용과 방법은 다음 표와 같다.

3강 - 용서와 화해

단계	주요 내용	활동
도입	• 「엎질러진 물」 들려주기	
전개 1	• MMSS 질문지 작성하기	MMSS 질문지 작성

전개 2	• MMSS 작성한 질문지를 통해 이야기 나누기
	M-1. 저런 결혼 생활이라면 시작하지 않는게 낫다?
	M-2. 남편이 일부러 그런 것도 아닌데 아내가 저렇게 나간 것은 잘못이다?
	M-3. 내가 여자였다면 집을 나간 뒤 남자의 일에 신경을 껐을 것이다?
	    나였다면 아마도 _____
	M-4. 내가 남자였다면 아내를 다시 받아줬을 것이다?
	    나였다면 아마도 _____
	M-5. 가족의 잘못은 들춰서 책망하기보다 감싸주는 게 옳다?
	M-6. 나는 이 이야기가 마음에 든다?
		이야기 나눔

전개 3	• 웰다잉 활동 • 편지 쓰기 • 발표하고 나누기	편지 쓰기
마무리	• 오늘의 소감 나누기	

(2) 「엎질러진 물」 내용과 선정 이유

「엎질러진 물」 내용 -

① 옛날에 한 선비와 아내가 아주 가난하게 살고 있었다.

② 아내가 힘들게 일해서 생계를 책임졌고, 선비는 뒷날을 바라보며 글공부에 매달렸다.

③ 하루는 아내가 마당에 곡식을 널어놓고 일을 하러 가면서 남편한테 비가 오면 곡식을 걷으라고 당부했다.

④ 선비는 알겠다고 대답했으나, 글을 읽는 데 정신이 팔려서 곡식이 빗물에 휩쓸려 가는 것을 알지 못했다.

⑤ 집에 와서 그 광경을 본 아내는 미안해하는 남편을 뒤로하고서 이렇게는 못 살겠다며 집을 나가버렸다.

⑥ 그후, 선비는 홀로 글공부에 매진해서 과거시험에 급제하고 좋은 관직을 얻게 되었다.

⑦ 그가 말을 타고서 길을 가는데 집을 나갔던 아내가 찾아와서는 옛정을 생각해서 다시 함께 살자고 했다.

⑧ 남자는 그릇에 담긴 물을 쏟은 뒤 아내한테 주워 담아보라고는, 둘 사이는 이미 엎질러진 물이라면서 여자를 뿌리치고 떠나버렸다.

「엎질러진 물」은 '지난 삶의 회고를 통한 자기 발견'의 두 번째 주제인 '용서와 화해' 관련 작품으로 선정하였다. 「엎질러진 물」은 기존에 문학치료학에서 '배우자 가르기 서사'로 이해되면서 자기 서사 진단에 적용됐던 설화다. 부부관계 진단에 주안점을 두고 있지만, 부부관계적 서사에만 한정되지는 않으며 관계 맺기에서 자기 서사에 주목할 수 있는 작품이다. 남자의 입장 혹은 여자의 입장 중 어느 편의 입장에 있느냐에 따라 존재적 자기 서사가 다르게 접속된다. 남녀가 부부로 만나서 살다 보면 갈등은 대부분 생기기 마련이며, 부부가 겪게 되는 어려움에 어떻게 대처하며 관계를 지속해나갈 것인지에 대한 내용으로, 상대방에 대한 신뢰감과 이해와 배려의 문제가 주요하게 다뤄진다. 독립-의존, 안정-불안, 충족-결핍의 문제와 연결된다. 그러나 부부 문제뿐만 아니라 상대의 입장에 서보지 않고는 이해할 수 없는 삶의 전반적 문제를 생각해볼 수 있으며, 그동안 살아 온 인간관계를 회상해봄으로써 '용서와 화해'를 생각해볼 수 있게 한다.

인생 회고를 통한 자기 발견에서 용서와 화해를 살펴보는 이유는 관계를 통한 자기 발견을 하기 위함이다. 자기개념은 신체적 자기, 정신적 자기, 사회적 자기 등으로 나누어 볼 수 있는데, '자기'개념은 경험의 누적, 특히 중요한 타인과의 사회적 상호작용을 통해 발달한다.[147] 그러므로 관계를 통해 자기를 확인해보는 것은 자기 발견의 방법이자 사회적 자기를 찾는 방법이 될 것이다. 개인은 자신의 긍정적인 자기개념을 유지시키고자 하며 이러한 자기개념이 위협받으면 불안을 경험하게 되고 위협에 대해 자신을 방어하려고 시도하게 된다.

그러므로 이는 삶과 죽음을 다루는 웰다잉 교육에서 반드시 해야 하는 우리 삶의 과제이다. 인간이 이 세상을 떠날 때 한을 남기지 않아야 가볍게 떠날 수 있기 때문이다. 풀어야 할 인간관계가

---

147) 죽음의 심리학

남아 있다면 사는 동안 괴롭고, 죽음을 맞이하는 순간에도 편안하게 숨을 거두지 못하기 때문에 용서와 화해는 살아 있는 동안 해야 하며, 할 수 있을 때 용서를 통해 관계의 회복을 해야 하는 것이다. 따라서 본 프로그램에서는 「엎질러진 물」을 '용서와 화해'의 주제로서 다루고자 한다. 그동안 살아온 자신의 인간관계도 살펴볼 수 있으며, 내 삶을 전반적으로 되돌아볼 수 있는 기회가 될 것이다. 우리 인생은 자신의 존재적 가치와 사람과 사이의 관계가 원만해야 행복한 인생이 되는데 지나온 인생 회고를 통하여 용서해야 할 사람이 있는지, 혹은 용서를 구해야 하는 사람이 있는지, 화해해야 할 사람이 있는지 자신의 관계 서사를 돌아볼 수 있고 자신의 사회적 가치와 관계를 재구성할 수 있을 것이다.

4강 죽음의 이해

(1) 내용

죽음 인식의 대영역으로 첫 번째 시간은 '죽음의 의미와 삶의 가치'를 생각해보는 '죽음의 이해'에 대한 주제이다. 설화 작품은 MMSS의 'H. 바리공주(바리데기)'를 활용하였다. 도입은 참여자에게 설화 MMSS의 「바리공주」 이야기를 들려주는 것이다.

전개 1에서는 MMSS 작품 중 'H. 바리공주' 질문지를 참여자에게 나누어주고 작성하도록 한다. 전개 2는 작성한 질문지에 대답한 내용에 대하여 구체적으로 이야기를 나누는 것이다. 이야기를 나눌 때는 질문에 대해 작성한 내용뿐 아니라 보다 구체적으로 경험적 내용이 나올 수 있도록 진행한다. 전개 3에서는 웰다잉 연계 활동으로 죽음 연상 단어 작성을 한다. '죽음'을 자극어로 주고 죽음이라는 단어에 어떻게 반응하느냐 하는 것을 알아보는 것이다.

죽음 연상 단어 작성하기는 융의 자유연상법을 참고하여 필자가 고안해낸 것으로 융의 자유연상법은 자극어를 통해 얻어지는 반응어의 내용, 빈도 및 반응 시간, 말의 유의미의 정도, 말 상호 간 의미 관계, 언어발달의 정도 등을 나타내는 지표로도 유용하게 적용되고 있다.[148] '죽음'이라는 단어를 제시하고 「바리공주」 이야기를 하기 전에 가졌던 죽음에 대한 이해나 생각이 작품을 나누고 나서 얼마나 변화되었나 확인하고자 하였다. 마무리는 프로그램에 대하여 느낀 점이나 감상 등 소감 나누기를 하며 마무리하였다. 주요 내용과 방법은 다음 표와 같다.

---

148) 이부영, 『분석심리학』, 일조각, 1978, p. 62

4강 - 죽음의 이해

단계	주요 내용	활동
도입	• 「바리공주」 들려주기	
전개 1	• MMSS 질문지 작성하기	MMSS 질문지 작성
전개 2	• MMSS 작성한 질문지를 통해 이야기 나누기 H-1. 자식을 버려놓고 죽을 때가 돼서 찾는 저 아버지가 싫다? H-2. 딸이 버려지는 것을 막지 못한 엄마도 문제가 있다? H-3. 저 왕이 정말로 나쁜 아버지는 아닌 것 같다? 　　　이유는 ＿＿＿＿＿＿＿＿＿＿＿＿＿＿＿＿＿＿＿ H-4. 내가 언니였다면 바리 대신 약수를 구하러 나섰을 것이다? H-5. 길을 떠나는 바리의 마음에는 억울함과 원망이 컸을 것이다? H-6. 바리가 저승으로 떠나면서 부모한테 한 말에 공감한다? H-7. 약수를 구하러 떠난 바리의 길은 보람 있는 여정이었다? H-8. 나였더라도 물을 지키는 남자의 청혼을 받아들였을 것이다? 　　　내가 남자한테 했을 말은 ＿＿＿＿＿＿＿＿＿＿＿＿ H-9. 바리가 저승에서 보낸 긴 세월이 아깝고 억울하다? H-10. 바리가 결국 부모를 살려낸 일이 마음에 든다? H-11.바리가 혼령들을 구하려고 저승으로 간 선택을 본받고 싶다? H-12. 나는 이 이야기가 마음에 든다? 그 이유는?	이야기 나눔
전개 3	• 웰다잉 활동 • 죽음 연상 단어 작성하기	죽음 연상 단어 작성
마무리	• 오늘의 소감 나누기	

(2) 「바리공주(바리데기)」 내용과 선정 이유

「바리공주」 내용 -

① 옛날에 어느 왕이 결혼해서 자식을 낳는데 바라던 아들 대신 딸만 자꾸 태어났다.

② 왕은 딸 여섯을 챙겨서 키웠으나 또 딸이 태어나면 내다 버리겠다고 공언했다.

③ 태몽이 좋아서 아들일 줄 기대했으나 이번에도 태어난 것은 딸이었다.

④ 엄마가 나서서 눈물로 호소했지만, 왕은 마음을 바꾸지 않았다.

⑤ 아이를 멀리 바다에 띄워 보낸 뒤 왕과 왕비는 시름시름 앓다가 병석에 누웠는데, 세월이 가도 일어나지 못했다.

⑥ 그때 어떤 도승이 저승에 있는 약수를 길어오면 병을 고칠 수 있다면서, 바리공주가 그 일을 할 수 있다고 했다.

⑦ 버린 딸이 살아 있다는 말을 들은 왕은 신하를 시켜서 딸을 찾아오게 했다.

⑧ 바리를 만난 부모는 눈물을 흘리며 딸을 안았고, 딸은 그간의 설움을 털어놓으며 눈물을 쏟았다.

⑨ 그때 왕이 여섯 딸에게 약수를 구해올 수 있겠느냐고 하자 다들 이런저런 변명을 하면서 발뺌했다.

⑩ 그러자 바리가 나서면서 "제가 부모님 덕으로 생겨나 뱃속에서 열 달 동안 잘 지낸 것만 해도 큰 은혜입니다. 제가 약수를 구해오겠습니다" 말했다. 다음 날 바리는 남자 옷을 차려입고서 홀로 저승을 향해 길을 나섰다.

본 장에서는 「바리공주」의 작품 서사를 통해 참여자가 가지고 있는 죽음의 의미와 이해를 중심으로 존재적 서사를 살펴보고자 한다. 「바리공주」는 본래 서사무가인데, 이야기 내용을 압축하여 설화적 이야기 형태로 제시한 MMSS 'H. 바리공주'를 그대로 사용하였다. 초기의 연구자들은 「바리공주」 서사를 효행담, 영웅담으로 본 경향이 있었다. 그들은 바리공주를 「바리공주」 서사의 핵심 인물로 보되, 그 행위의 결과를 효녀 또는 영웅으로 보았다.[149] 효행담을 넘어서 영웅담으로 보는 경향은 바리공주가 태어날 때부터 부모로 인해 죽음에 처하나 부모를 만났을 때 자신의 목숨을 담보로 부모를 살려내기 위해 목숨까지도 버리는 어려움을 자처하는 내용으로 인한 것으로 판단된다. 바리공주는 삶과 죽음의 경계를 넘나들며 다시 만난 부모를 살리기 위해 희생하는 모습을 보인다. 그러므로 「바리공주」의 작품 서사를 통해 죽음의 의미와 삶의 가치에 주목해보고자 한다.

또한 「바리공주」는 극단적 문제 상황이 연속되는 가운데 다양한 극적 변전이 일어나는 이야기로, 존재적 측면과 관계적 측면에 걸쳐 유의미한 서사 지표를 층층이 지니고 있다.[150] 바리는 태어나자마자 아들이 아니고 딸이라는 이유로 부모에게 버림받았고 그리운 부모를 만난 기쁨과 감동을 뒤로한 채 부모를 살리기 위해 저승길을 떠난다. 약수를 찾아가는 바리공주의 구약 여정은 죽음의 길이며 자신을 버리는 길이다. 수많은 난관을 겪으며 헤쳐나가는 여정을 통해 참여자들은 자기 서사의 존재적 서사, 부모 서사, 자녀 서사 등 관계적 요소들을 드러낸다. 태어날 때부터 부모에게 버림을

---

149) 전영숙, 「바리공주를 활용한 문학치료의 실제 및 그 교육적 활용 방안 연구」, 2004, p. 18

150) 신동흔, 「문학치료를 위한 자기 서사 진단과 연구—MMSS진단지의 성격과 구성, 해석」, 『문학치료연구』 제54집, 한국문학치료학회, 2020, p. 42

받아 죽을 수도 있는 어려운 상황을 거쳐서 문제를 해결하고 종지부에는 신의 삶을 선택하게 되는 내용을 담고 있다.

바리공주의 문제 서사가 죽음의 고난을 겪으며 문제 해결 과정 속에서 삶과 죽음의 의미가 어떻게 드러나고 삶의 가치가 어떻게 건강한 서사로 변화해가는지 살펴봄으로써 참여자의 죽음에 대한 이해도를 높이고 삶의 가치를 숙고하게 할 것으로 기대한다.

5강 상실 치유와 애도

(1) 내용

죽음 인식의 대주제 두 번째 시간은 '애도의 중요성'에 대해 생각해보는 '상실 치유와 애도'이다. 도입에서는 참여자에게 작품 「신데렐라(아셴푸텔)」 이야기를 들려준다. 작품은 MMSS의 '신데렐라(아셴푸텔)' 이야기와 MMSS에서 다루지 않았으나 그림형제 동화선집 151)에 나오는, 신데렐라가 엄마를 잃고 엄마의 산소를 매일 찾아가 애도하는 이야기를 추가하였다. 따라서 질문지도 2개로 나누어 사용하였는데, 앞부분 K1-5는 필자가 애도에 주목하여 질문지를 만

---

151) 그림형제 지음, 아서 패컴 외 그림, 김열규 옮김, 『그림형제 동화선집』, 현대지성, 1999, p. 203

들었고, 뒷부분 K6-11은 MMSS의 원래 질문지를 사용하였다. 질문은 신데렐라 작품을 맥락에 따라 생각해볼 수 있는 질문으로 구성하였다.

신데렐라가 어머니를 여의고 새엄마와 의붓언니들과 재투성이로 살면서도 건강하고 적극적인 삶의 모습으로 성장하는 것의 배경에는, 죽은 엄마를 향한 애도 과정과 어머니의 죽음은 단절이 아니라 어떤 방식으로든 연결되어 힘을 준다는 것에 주목하였다. 따라서 애도에 초점을 맞추어 작품 서사에 자기 서사가 맥락에 따라 투사되어 효과적으로 주제에 공명할 수 있도록 문항을 구성했다.

전개 1에서는 참여자에게 질문지를 나누어주고 질문지를 작성하도록 한다. 전개 2는 참여자가 작성한 질문지를 가지고 참여자와 집중적으로 이야기를 나누는 것이다. 전개 3은 웰다잉 활동으로, 참여자가 경험한 상실 경험과 애도 경험을 나누는 것이다. 어떤 상실 또는 사별을 겪은 경험이 있는지, 그때 애도를 어떻게 표현했는지 애도 경험에 대해 이야기하고 발표하는 시간이다. 참여자가 겪은 상실에 대해서 충분히 지지하고 들어주며, 애도를 충분히 잘했다면 다행이지만 미해결된 애도나 상실의 트라우마가 있다면 발견하고 표현할 수 있도록 지지하고 도와준다. 마무리는 오늘 프로그램을 통해 알게 된 것이 있는지, 느낀 점이나 감정 등을 물어보고 소감을 들어보며 마무리한다. 주요 내용과 방법은 다음 표와 같다.

5강 - 상실 치유와 애도

단계	주요 내용	활동
도입	• 「신데렐라(아셴푸텔)」 들려주기	
전개 1	• MMSS 질문지 작성하기	MMSS 질문지 작성
전개 2	• MMSS 작성한 질문지를 통해 이야기 나누기 K-1. 어머니가 돌아가시자 신데렐라가 한 일은 무엇인가? K-2. 오늘날에도 저런 엄마나 언니들과 같은 사람이 있다? K-3. 아버지가 장에 가서 갖고 싶은 것을 사다 준다고 했을 　　때, 왜 신데렐라는 아버지 모자에 닿는 첫 번째 나뭇가지 　　를 꺾어다 달라고 했을까? K-4. 신데렐라는 아버지가 가져다준 나뭇가지를 왜 무덤가에 　　심었을까? K-5. 신데렐라가 흘린 눈물이 그 나뭇가지에 떨어져서 쑥쑥 　　자라나서 아름다운 나무가 되었다는 것은 무엇을 의미하 　　는 것인가? (K-6부터는 MMSS의 질문을 그대로 사용하였다) K-6. 나였더라도 어떻게든 무도회에 참석했을 것이다? K-7. 신데렐라가 왕자와 결혼한 것은 우연한 행운이 ＿＿＿% 　　이다. 보충 설명: ＿＿＿＿＿＿＿＿＿＿＿ K-8. 저 남녀는 어울리는 한 쌍이며, 오래 잘 살았을 것이다? 　　그 이유는? K-9. 두 사람이 결혼하자 언니들은? ＿＿＿＿＿＿＿＿ K-10. 내 앞길에도 신데렐라 같은 멋진 성공이 펼쳐질 것이다? K-11. 나는 이 이야기가 마음에 든다? 그 이유는?	이야기 나눔
전개 3	• 웰다잉 활동 • 상실의 경험과 애도 경험 나누기 • 발표하고 나누기	상실과 애도 경험 나누기
마무리	• 오늘의 소감 나누기	

(2) 「신데렐라(아센푸텔)」 내용과 선정 이유

「신데렐라」 내용 -

① 한 부자의 아내가 병이 들어 임종이 가까이 오자 외동딸을 불렀다. 신앙심을 가지고 착하게 살며 자신도 하늘에서 보살펴주겠다고 말하고는 세상을 떠났다.

② 어머니가 죽고 난 후 소녀는 너무 슬퍼 매일 어머니의 무덤을 찾아가 눈물을 흘렸고, 어머니의 당부대로 착하게 살며 신앙심 깊은 아이가 되었다.

③ 아버지는 새 아내를 맞이하였다. 계모는 딸 둘을 데리고 왔는데 두 딸만 사랑하고 막내딸을 미워했다. 언니들은 일부러 귀찮은 일을 만들어 동생을 괴롭혔고, 부엌에서 잠을 자게 했다.

④ 재투성이가 된 신데렐라는 힘든 일을 도맡아 하면서 새와 나무를 친구로 삼아 시름을 달랬다.

⑤ 어느 날 아버지는 장에 가면서 딸들에게 무엇을 사다 줄까 하고 물었다. 의붓딸 첫째는 아름다운 옷을 사다 달라고 하고, 둘째는 진주와 보석을 사다 달라고 했지만, 신데렐라는 "집에 돌아오실 때 아버지의 모자에 닿는 첫 번째 나뭇가지를 꺾어다 주세요"라고 말했다.

⑥ 아버지는 두 딸에게는 아름다운 옷과 진주와 보석을 사다 주었고, 말을 타고 돌아오는 길에 숲을 지나는데 개암나무 나뭇가지 하나가 가로막더니 아버지의 모자를 툭 치는 것이었다. 그래서 아버지는 그 나뭇가지를 꺾어다 신데렐라에게 주었다.

⑦ 신데렐라는 어머니의 무덤으로 가서 그 나뭇가지를 심은 뒤 하염없이 울었다. 신데렐라가 흘린 눈물은 그 나뭇가지에 떨어져 나뭇가지를 흠뻑 적셨다. 그러자 그 나뭇가지는 쑥쑥 자라기 시작해 금세 아름다운 나무가 되었다.

⑧ 신데렐라는 매일 세 차례씩 어머니의 무덤가로 가서 나무 밑에 앉아 울며 기도를 하곤 했는데, 그럴 때마다 조그맣고 하얀 새 한 마리가 그 나무로 날아오곤 했다. 그리고 신데렐라가 소원을 말할 때마다 그 새는 소녀가 바라는 것을 가져다주곤 했다.

⑨ 그러던 어느 날 나라의 왕자가 신붓감을 고르기 위해 아름다운 처녀들을 초대해 무도회를 연다는 소식이 들렸다.

⑩ 엄마는 두 언니들을 데리고 무도회에 가면서 가고 싶어 애원하는 신데렐라에게는 잿더미 속에 콩 한 말을 쏟아놓고는 그 콩을 모두 골라 담는다면 와도 좋다고 하였다.

⑪ 혼자 남은 신데렐라는 새들에게 도움을 청해 새들의 도움으로 콩을 다 골라 담았는데 무도회에 입고 갈 옷, 신발도 없자 개암나무 밑에 있는 어머니의 무덤가로 가서 울면서 소리친다. 그러자 새들의 도움으로 아름다운 드레스 한 벌과 비단 수를 놓은 구두를 얻게 된다.

⑫ 신데렐라가 무도회에 들어가자 모두가 그 아름다움에 감탄했으며 왕자가 반해서 신데렐라와 춤을 추었다. 밤이 되자 신데렐라는 급히 집으로 향했고, 그 뒤를 따라가는 왕자는 그녀를 찾지 못했다.

⑬ 사흘째 되던 날, 그날도 파티에서 왕자와 춤을 추고 밤이 되어 돌아오려고 하자 왕자가 계단에 송진을 발라놓아 신데렐라의 왼쪽 구두가 계단에 달라붙게 되고 말았다.

⑭ 왕자는 그다음 날부터 구두를 들고 주인을 찾아 나섰다. 신데렐라의 집에 왕자가 찾아오자 두 언니들은 서로 자기 구두라고 우기면서 억지로 큰 발을 집어넣자 피가 배어 나왔다.

⑮ 그때 신데렐라는 더러운 옷을 입고서 한 구석에 숨어 있었는데 그녀를 발견한 왕자가 부모의 만류에도 불구하고 그녀한테 다가가서 구두를 신어보게 하였다. 구두는 발에 꼭 맞았고, 신데렐라는 가지고 있던 다른 한 짝을 내밀었다.

⑯ 왕자는 그녀가 자기가 찾던 그 사람임을 알아보고서 무릎을 꿇고 청혼했다. 신데렐라는 왕자와 행복한 결혼식을 올리고 오래오래 잘 살았다.

「신데렐라」 이야기는 그림형제 동화선집 21번으로 세계적인 전래동화로 알려져 있으며 남녀노소 대부분 잘 알고 있는 이야기이다.

신데렐라 콤플렉스(Cinderella complex)[152]라는 말이 있을 정도로 신데렐라는 자신의 운명의 변화를 위해 아무것도 하지 않고 수동적으로 왕자의 사랑을 받아들여 잘 살았다는 이야기로 알고 있는 경우가 많다. 그러나 신데렐라는 독일에서 아셴푸텔(Aschenputtel)이라고 하며 그림형제 동화전집[153]에 나오는 내용을 자세히 읽어보면 그런 내용과는 차이가 있음을 발견한다. 신데렐라에 대해 자신의 인생을 변화시켜줄 남자만을 기다리며 찾는 여자 정도로 해석하는 것은 편협하고 표면적인 해석이다.

아셴푸텔은 '재투성이'라는 뜻으로 재를 뒤집어쓰고 사는, 가장 힘들고 어려웠던 시절을 겪어낸 것을 의미한다. 사랑하는 사람이 죽으면 우리는 그의 죽음에서 자기의 죽음을 미리 맛볼 뿐만 아니라 어떤 방식으로든 그와 함께 죽는다.[154] 신데렐라는 사랑하는 어머니의 죽음 앞에서 커다란 슬픔에 잠겼고 자기의 죽음을 경험한 것이다. 그런 상황에서 새어머니와 의붓언니 둘을 맞이하는 삶에서 새로운 관계를 맺는다. 사랑하는 사람의 죽음은 우리가 죽을 때까지 다루어야 하고 견뎌야 하는 삶의 문제이며 그 한계상황은

---

152) 신데렐라 콤플렉스(Cinderella complex)는 콜레트 다울링의 저서 『신데렐라 콤플렉스』에서 처음 사용되었다. 독일 민담에 등장하는 신데렐라는 자신의 의사 표현이나 운명을 변화시키기 위한 어떤 노력도 하지 않은 채 순종하고 기다리다 그를 사랑하게 되는 왕자를 만나 결혼하여 행복한 삶을 살게 된다는 내용으로 이해하여, 타인에게 의존하여 보살핌을 받고자 하는 여성들의 심리적 의존 상태를 이르는 말이다.

153) 그림형제 지음, 김열규 옮김, 『그림형제 동화전집』, 현대지성, 2018

154) 베레나 카스트 지음, 채기화 옮김, 『애도』, 궁리, 2007, p. 13

우리를 무너뜨릴 수도 있고 변화시킬 수도 있다.[155]

본 프로그램에서는 「신데렐라」 작품에 등장하는, 어머니의 죽음을 경험한 소녀의 입장에서 세상이 무너지는 듯한 슬픔 속에 애도가 얼마나 필요한지 살펴보고 애도의 중요성과 애도 과정을 통해 잿더미에서 일어나듯 새롭게 성장하는 소녀의 이야기에 주목하고자 한다. 신데렐라 이야기는 어머니의 죽음 이후 낯선 환경 속에서도 바람직한 애도 작업을 통해 진정한 삶의 가치를 깨닫고 자기 자신의 삶의 주인으로 거듭나는 모습을 보여준다. 신데렐라는 우리에게 애도의 방법을 알려주고 누구나 인생에서 겪게 되는 재투성이 시절에 대한 공감을 불러일으켜 위로를 주며 그런 모든 과정을 통해 삶의 진정성에 대해 깊이 성찰하게 한다. 상실 치유, 즉 애도의 관점에서 작품 「신데렐라」를 조명하고 웰다잉 교육에서의 '상실과 애도' 주제로 활용하고자 한다.

사람은 누구나 살면서 한 번쯤은 상실 또는 이별을 경험한다. 대상은 사람일 수도 있고 동물이나 물건일 수도 있다. 애도는 사랑하는 사람의 상실에 대한 슬픔의 감정이다. 이때 그 슬픈 감정을 온전히 내놓을 수 있어야 한다. 그러나 사람은 매우 깊은 슬픔이나 상실을 경험하면 대면하지 못하고 저항하며 부정하는 현상을 보인다. 그래서 애도 과정에는 무엇보다 현실 대면이 가능해져야 한다. 대상 상실에 대한 저항은 현실에 대한 공포 및 증오와 연결

---

155) 위의 책, p. 18

되어 있다. 프로이트는 정상적인 애도 과정을 통과하기 위해서는 대상 상실에 대한 현실을 대면해야 한다고 말하고 있는데, 현실을 대면하는 것은 어려운 과정이다. 그것은 고통스러운 마음 상태 및 외부세계나 일상적 행동에 대한 관심 결여 등 우울의 병리적 상태와 동일한 특성을 갖고 있다.[156] 특히 사랑하는 가족이나 친구의 죽음, 혹은 이혼, 이별 등은 큰 상처와 고통을 가져다준다.

성공적 애도는 상실이라는 슬픔의 감정을 견디고 새로운 대상과 관계를 맺는 데 도움이 된다. 그러나 애도 과정이 불충분하면 대인관계나 일상생활의 흥미를 느끼지 못하고, 신체적인 질병에 걸리거나 자살을 하기도 한다.[157] 그러므로 애도 작업의 한 면은 세상과 새로운 관계를 맺는 것이어야만 한다.[158] 신데렐라는 방에 웅크리고 있거나 숨어 있지 않고 움직이는 인물이었다. 그것도 부엌에서 일을 했다. 일하며 움직이는 과정에서 새를 만나 소통을 하고, 개암나무를 만나 소통하는 가운데 자신의 숨은 가치를 확인한다. 무도회라고 하는 '사회'로 나아감으로써 자기 존재를 드러내 보이고 왕자와의 결연을 이루어낸다.[159] 상실을 경험한 후 적절한 애도 작업을 통한 바람직한 이별이 얼마나 중요한지 알 수 있다. 또한 행복하게 산다는 것은 우리가 전혀 재투성이의 존재가 아니

156) 김승연, 「"애도"에 관한 정신분석과 기독교 영성적 접근」, 한세대학교 박사학위논문, 2016, p. 75
157) 위의 논문, p. 31
158) 베레나 카스트 지음, 채기화 옮김, 『애도』, 궁리, 2007, p. 15
159) 신동흔, 『왜 주인공은 모두 길을 떠날까?』, 샘터, 2014, p. 67

라는 것, 우리 내면에는 풍성한 여러 감정적 측면이 존재한다는 것을 확인할 때에 가능하다.[160] 따라서 삶의 위기를 만났을 때 스스로 재투성이가 아니라는 믿음을 가지고 위기를 기회로 바꿀 수 있어야 한다.

6강 유언과 상속

(1) 내용

세 번째 대주제이자 인지적 차원의 죽음에 대한 실제적 준비인 '유언과 상속'을 다루고자 한다. 사람은 살아 있는 동안 권리 의무의 주체인 인격체이다. 살아 있는 동안 가지고 있던 일체의 재산상 권리와 의무가 포괄적으로 상속된다. 살아가는 동안 물질적, 정신적, 사회적, 영적 가치를 남기는데 각자 살아온 태도나 방식에 따라 남기는 것이 달라진다. 그렇다면 나는 어떤 유산을 남길 것인지, 물질적 가치를 위해 살았는지 정신적 가치를 위해 살았는지, 혹은 그동안 살아오면서 무엇을 남겼는지 생각해볼 수 있는 주제이며 삶의 가치관을 새롭게 하는 효과를 기대할 수 있다. 프로그

---

160) 베레나 카스트 지음, 최연숙 옮김, 『동화의 행복법』, 영남대학교출판부, 2015, p. 127

램의 제목은 '무엇을 남길 것인가'로 할 수도 있고 '유언과 상속'으로 할 수도 있다.

옛날이야기 「아버지의 유산」은 MMSS에 없는 작품으로, 필자가 '유언과 상속' 주제에 적합하다고 생각되는 작품을 선정하였다. 질문지 내용은 MMSS의 질문지를 참고하여 열린 반응과 서사적 상황에 대하여 주관적 느낌과 생각이 자유롭게 나타나도록 구성했다. '유산'이라는 화소에 초점을 두어 작품 서사에 자기 서사가 맥락에 따라 투사되어 효과적으로 주제에 공명할 수 있도록 문항을 구성했다.

도입에서는 「아버지의 유산」 이야기를 참여자에게 들려준다. 전개 1에서는 참여자에게 '아버지의 유산' 질문지를 나누어주고 작성하게 한다. 전개 2에서는 참여자가 질문지를 작성한 후 질문지를 통해 참여자와 이야기를 나눈다. 전개 3에서는 참여자가 '유언장 작성'하는 시간을 갖는다. 유언장 작성 후 참여자가 작성한 유언장을 발표하는 시간을 갖는다. 참여자의 유언장 작성과 내용과 관련하여 이유와 맥락을 들어주고 지지해준다. 마무리는 프로그램 소감을 나누며 마무리한다. 주요 내용과 방법은 다음 표와 같다.

6강 - 유언과 상속

단계	주요 내용	활동
도입	• 「아버지의 유산」 들려주기	
전개 1	• 질문지 작성하기	질문지 작성
전개 2	• 작성한 질문지를 통해 이야기 나누기 1. 만약 나라면 아버지의 남긴 것들 중 지팡이, 맷돌, 장구 중 어느 것을 가지고 싶은가? 이유는? 2. 돌아가시는 아버지는 자녀들에게 어떤 말을 남기고 싶었을까? 3. 삼 형제가 부자가 된 이유는 무엇이라고 생각하나? 4. 삼 형제는 아버지에게 원망이나 불평이 없었을까? 보충 설명: _____ 5. 부모님에게 어떤 유산을 받았는가? 혹은 받고 싶은 유산은? 6. 자녀들에게 남기고 싶은 유산은 무엇인가?	이야기 나눔
전개 3	• 웰다잉 활동 • 유언장 작성하기 • 발표하고 나누기	유언장 작성 및 나눔
마무리	• 오늘의 소감 나누기	

(2) 「아버지의 유산」 내용과 선정 이유

「아버지의 유산」 내용 -

① 옛날에 어느 산골에 삼 형제가 아버지와 함께 가난하게 살고 있었다. 아버지가 병들어 죽게 되었는데 유산으로 지팡이와 맷돌, 그리고 장구를 남겼다.

② 집을 떠나 살기로 한 삼 형제는 아버지의 유산을 하나씩 가지고 길을 떠났다.

③ 첫째는 지팡이를 가지고 길을 떠났다. 길을 가다가 산속 무덤가에서 잠을 자게 되었는데, 잠이 들려고 할 때 뭔가 이상한 소리가 나서 살펴보니 웬 여우 하나가 무덤을 파헤치고는 해골을 뒤집어쓰고 할머니로 둔갑하는 것이었다. 몰래 여우를 지켜보던 첫째는 그를 따라서 마을로 들어갔다.

④ 마을에 혼인 잔치가 한창이었는데 여우로 변한 할머니가 신부 옆구리를 슬쩍 찌르자 신부가 거품을 물고 쓰러졌다. 다들 어쩔 줄 몰라 하고 있을 때 첫째가 나서서 지팡이로 할머니를 때리자 여우로 변해서 도망갔다. 여우가 도망간 뒤 죽어가던 딸이 살아나자 주인은 첫째한테 사례로 돈을 주었다. 첫째는 이렇게 부자가 되어서 돌아왔다.

⑤ 둘째가 가지고 떠난 유산은 맷돌이었다. 이 마을 저 마을 떠돌던 둘째가 산속 허름한 오두막에서 잠을 청할 때였다. 도깨비들이 모여들더니 방망이를 두드려서 음식이 나오게 해 맛있게 먹더니만 어디서 사람 냄새가 나는 것 같다고 했다. 놀란 둘째는 와릉와릉 맷돌을 갈기 시작했다. 그러자 그 소리에 놀란 도깨비들이 집이 무너지는 줄 알고 방망이를 놔둔 채 도망쳤다. 도깨비방망이를 얻은 둘째도 부자가 되어서 돌아왔다.

⑥ 한편, 형들과 헤어진 막내는 장구를 가지고서 길을 떠났다. 한참 길을 가다가 산속에서 날이 저물어 잠을 청하는데 호랑이들이 그를 잡아먹으려고 떼 지어 몰려들었다. 깜짝 놀란 막내가 나무 위로 올라가자 호랑이들은 서로 등에 올라타서 막내를 잡으려고 했다.

⑦ 막내는 죽기 전에 장구나 치자고 생각하고 신나게 장구를 두드렸다. 그러자 그 소리에 호랑이들이 들썩들썩 춤을 추다가 나무 밑으로 떨어져

죽었다. 막내는 호랑이 가죽을 팔아 부자가 되어 돌아왔다.

⑧ 이렇게 부자가 되어 다시 만난 삼 형제는 똑같은 집을 나란히 지어놓고
   서 오래오래 행복하게 잘 살았다.

「아버지의 유산」 옛이야기 속에는 이야기를 통하여 '무엇을 남길
것인가?'에 대한 이야기의 실마리를 풀어가는 데 아주 요긴한 지점
들이 많다. 부모들은 고생하며 모은 재산을 자녀들에게 물려주려
고 한다. 자녀들이 부모가 떠난 후에도 잘살기를 바라는 마음에서
이다. 그러나 진정한 유산이란 무엇인가에 대해 생각해볼 수 있다.
재산에 관한 유산뿐만 아니라 유훈도 남길 수 있다. 유훈이란 말
씀을 남기는 것으로, 자녀들에게 꼭 하고 싶은 당부의 말을 남기
는 것이다. 인생을 살아보니 정말 인생에 중요한 것이 무엇인지 깨
닫게 된 것을 자녀들에게 당부하게 될 것이다.

그보다 더 중요한 것은 자신의 살아온 모습이 귀중한 유산이 된
다. 자녀들은 부모의 뒷모습을 보고 자란다고 했다. 어떤 훈육 태
도나 말보다 부모의 살아가는 태도가 자녀들에게 고스란히 영향
을 끼치고, 부모가 돌아가시고 나서도 부모의 삶의 모습을 자녀들
이 따라가게 만드는 것이다. 가난했지만 열심히 살고 부지런히 살
았던 부모의 모습과 그 유전자로 인하여 남은 삼 형제가 가진 것
없었으나 세상에 나아가 부지런히 적극적으로 살아서 각자 그 나
름의 자리매김을 하며 잘 살게 되었다는 것이다. 나는 무엇을 남기
고 싶은가? 유산이 남는다면 그 유산을 어떻게 처리할 것인가 생

각해볼 수 있는 좋은 기회를 제공할 것이다.

「아버지의 유산」에서 가난했던 아버지가 돌아가시며 유산으로 남긴 것은 볼품없는 지팡이, 맷돌, 장구였다. 사실 재산이라 함은 재화가 될 만한 동산이나 부동산을 의미하므로 남겨진 유산이 지팡이, 맷돌, 장구라는 것은 재산으로 아무것도 남기지 않았다는 것이기도 하다. 지팡이, 맷돌, 장구 어느 것 하나 귀하지도 않고 돈이 되는 것도 아니지만 삼 형제는 하나씩 사이좋게 나누어 가지고 집을 떠나 세상으로 나아간다. 집에는 가난했기에 먹을 것도 없고 일굴 밭도 없었기 때문이다. 그러나 그들은 일을 찾아 세상으로 나아간다. 삼 형제는 아버지가 남겨주신 그 볼품없는 지팡이와 맷돌, 장구를 가지고 각자의 방법대로 성공하여 다시 집으로 돌아온다. 그렇다면 아버지가 남겨준 지팡이, 맷돌, 장구가 의미하는 것은 무엇일까. 물려줄 재산은 없었지만 아버지가 평생 살아오셨던 삶의 태도와 가치관을 의미한다고 볼 수 있다. 자녀들에게 본이 되고 삶의 기본이 되는 태도와 가치관을 남겨주신 것이다.

첫째가 가지고 떠났던 '지팡이'가 의미하는 것은 무엇인가. 지팡이는 보통 걸을 때 몸을 의지하기 위해 짚는 막대로서 노인, 신체장애인, 등산가, 여행자 등이 사용하며 때로는 신분이 높은 사람이 권위의 상징으로 또는 호신용으로도 이용한다.[161] 또한 지팡이는 고대사회에서 왕이나 신의 존엄성과 같은 위력의 상징이었고, 군주

---

161) 지식백과 https://terms.naver.com/entry.nhn?docId=2240023&cid=51293&categoryId=51293

나 승려 등이 자신들의 권위와 위엄의 상징을 위해, 혹은 호신용, 징계용으로 사용하였다. 동양에서도 상징적, 종교적, 실용적 목적으로 사용되었다. 그러므로 첫째가 한 마을의 결혼식에서 신부를 해치려는 여우로 둔갑한 할머니를 알아보고 지팡이로 처치하고 신부를 살려주어 그 보답으로 큰돈을 받았다는 것은 다른 사람이 보지 못하는 눈을 가졌다고 볼 수 있다. 그것은 바르게 보고 바르게 판단할 수 있는 재판장과도 같은 것이며, 위엄과 권위를 가진 사람으로 성장한 것으로도 볼 수 있다.

둘째는 맷돌을 가지고 세상으로 나아갔다. 맷돌은 곡물을 갈아서 가루로 만드는 도구이다. 위아래 두 짝으로 된 돌로, 위쪽에는 곡식을 집어넣는 구멍이 있어서 곡식을 넣고 돌리면 곡식을 가루로 만들 수 있다. 둘째 아들이 성공한 힘은 열심히 일을 하고 노동을 하다 보니 귀한 보물을 얻게 된 것과 같다 할 수 있다. 사실 농사라는 게 도깨비방망이 같은 것이라 할 수 있다. 열심히 일하면 먹을 것이 계속 나오니까 말이다.[162] 또한 열심히 일하고 노력하는 자를 하늘이 돕는다는 것을 의미한다고 볼 수 있다. 산속 집에서 도깨비를 만나게 되고 그 자리에서 죽을 수도 있는 절명의 위기였지만 맷돌을 돌림으로써 방망이를 얻을수 있는 기회가 생긴 것은 하늘이 도운 은혜라고도 할 수 있다. 이렇게 열심히 노력하며 사는 자를 하늘도 돕는 법이다.

---

162) 신동흔, 『왜 주인공은 길을 떠날까?』, 샘터, 2014, p. 128

마지막으로 막내는 장구를 가지고 갔다. 장구는 우리나라의 대표적인 절주 악기의 하나이다. 그러므로 장구를 잘 친다는 것은 음악가나 예술가를 의미한다. 호랑이를 만나 죽을 절명의 위기를 만났으나 장구를 두들겨 호랑이들을 덩실덩실 춤을 추게 만들었다는 것은 막내의 놀라운 예술적 재능을 말하는 것이다. 호랑이라고 칭하는 세상의 험한 사람들이나 폭력이 난무하는 세상을 부드럽게 변화시킬 수 있는 예술의 힘을 지녔다고 할 것이다. 막내 역시 호랑이를 만난 위기에서 낙심하거나 포기하고 있지 않고 자신이 가진 재주를 동원하여 그 자리에서 자신이 할 수 있는 것을 했고, 그것이 그 자리를 모면하게 해주었을 뿐만 아니라 더 나아가 호랑이 가죽을 얻는 결과까지 얻었던 것이다.

7강 장례와 장묘

(1) 내용

죽음에 대한 준비 두 번째 주제는 '유언과 상속'이다. 작품 「사람 살리고 얻은 명당」을 통해 '장례와 장묘'를 생각해볼 수 있도록 시도하였다. 사람이 태어나서 마지막으로 통과하는 관문이 죽음이고, 이에 따른 의례가 상례이다. 한 사람의 일생에서 중요한 의례이며, 관혼상제 중 가장 마지막에 이루어지는 의례이다. 따라서 '장례와 장묘'를 생각해보는 것을 통해 자기 죽음의 실제적인 준비뿐만 아니라 죽음을 직면하는 효과를 기대할 수 있다.

설화 「사람 살리고 얻은 명당」에서 '명당'의 화소를 통해 자신의 마지막 의례인 장례와 장묘를 생각해볼 수 있게 하였다. 지금은 과거와는 달리 장례와 장법에 많은 변화가 있다. 매장보다는 화장이 주로 이루어지고 있고, 화장 후 자연장이 증가하는 추세이다. 매장을 주로 하던 과거 우리 장례 장법에서는 못자리를 중요하게 생각하였고, 살아생전에 미리 못자리를 준비하기도 하였다. 따라서 풍수지리설에 의해 명당을 선호하고 명당을 마련하고자 하는 유교적인 전통이 있었다. 수의도 미리 윤달에 준비를 해두는 등 죽음에 대한 준비를 미리 하였다.

따라서 필자는 실제로 '명당'에 대한 준비를 하라는 의미가 아니라 '명당'의 화소를 통해 변화된 장례와 장묘 방법을 생각해볼 수 있도록 하고자 하였다. 옛날이야기 「사람 살리고 얻은 명당」은 MMSS에 없는 작품으로, 필자가 '장례와 장묘' 주제에 적합하다고 생각되는 작품을 선정하였고 질문지 내용은 MMSS의 질문지를 참고하여 열린 반응과 서사적 상황에 대하여 주관적 느낌과 생각이 자유롭게 나타나도록 했다. '명당'이라는 화소에 초점을 두어 작품 서사에 자기 서사가 맥락에 따라 투사되어 효과적으로 주제에 공명할 수 있도록 문항을 구성했다.

도입에서는 참여자에게 「사람 살리고 얻은 명당」 이야기를 들려준다. 전개 1에서는 연구자가 작성한 작품의 질문지를 참여자에게 제공하고 작성하도록 한다. 전개 2에서는 작성한 질문지를 가지고 참여자와 집중적으로 이야기를 나눈다. 전개 3은 웰다잉 연계 활동으로, 자신이 장례와 관련한 내용을 작성할 수 있는 '사전장례의향서'를 작성한다. '사전장례의향서'는 자신의 장례와 관련하여 미리 밝혀두는 글이며, 자신이 바라는 장례식에 대하여 의견을 남겨둘 수 있다. '사전장례의향서'를 작성한 후에는 작성한 내용을 발표하며 그 내용을 함께 나눈다. 마무리는 느낀 점이나 감상 등 소감 나누기를 하며 마무리한다. 주요 내용과 방법은 다음 표와 같다.

7강 - 장례와 장묘

단계	주요 내용	활동
도입	• 「사람 살리고 얻은 명당」 들려주기	
전개 1	• 질문지 작성하기	질문지 작성
전개 2	• 작성한 질문지를 통해 이야기 나누기 1. 어렵게 빌려온 돈을 가지고 오다가 강에서 서로 죽으려는 사람들의 사연을 듣고 그 사람들에게 돈을 다 주었는데 나였어도 그렇게 했을 것이다? 보충 설명: _____ 2. 아버지가 돌아가셨을 때 명당을 찾겠다며 찾아간 곳이 하필 남의 집터였다. 만약 집주인이 먼저 은인이라며 알아보지 못했다면, 이 가난한 사람은 먼저 아는 척을 했을 것이다? 보충 설명: _____ 3. 아무리 은혜를 갚는다고 해도 자신이 살고 있는 집을 선뜻 내어줄 수 있는 사람은 없다? 그 이유는? 4. 명당이 있다면 나도 명당에 묻히고 싶다? 보충 설명: _____ 5. 나는 진짜 명당이 있다고 생각한다? 그 이유는? 6. 나는 이 이야기가 마음에 든다? 그 이유는?	이야기 나눔
전개 3	• 웰다잉 활동 • 사전장례의향서 작성하기 • 발표하고 나누기	사전장례 의향서 작성
마무리	• 오늘의 소감 나누기	

(2) 「사람 살리고 얻은 명당」 내용과 선정 이유

「사람 살리고 얻은 명당」 내용 -

① 옛날에 어떤 사람이 잘살다가 생활이 궁핍해지자 할 수 없이 옛날에 자기 집에서 종살이를 했던 사람이 잘산다는 소식을 듣고 돈을 빌리러 갔다.

② 종에게 돈을 빌려서 돌아오는데 강가에서 사람들이 서로 죽겠다면서 강에 뛰어들려고 하는 것이었다.

③ 괴이하게 여긴 가난한 사람이 그 사람들의 사연을 들어보니 아들이 나랏돈을 갚지 못해 처형당하게 될 처지에 이르자 그것을 볼 수가 없다며 그 어머니와 아내가 서로 죽으려고 하는 것이었다.

④ 가난한 사람은 자신보다 사정이 딱한 사람들을 그냥 지나칠 수 없어 어렵게 빌려온 돈을 다 주었다. 빈손으로 집에 돌아와 그 사연을 어머니에게 이야기하자 어머니는 두 사람을 살렸다며 잘했다고 칭찬을 했다.

⑤ 결국 여전히 가난하게 고생만 하고 사는데 어느 날 아버지가 돌아가셨다.

⑥ 가난한 사람은 아버지를 위해 명당을 찾겠다며 팔도를 돌아다녔는데 같이 가던 지관이 명당이라면서 가리킨 곳이 하필 남의 집터였다.

⑦ 가난한 사람이 어찌할까 하다가 날도 저물어 그 집에서 하룻밤을 머물게 되었는데, 그 집의 안주인이 나오더니 그 가난한 사람의 얼굴을 보자 갑자기 눈물을 흘렸다. 알고 보니 그 집은 예전에 강가에서 자신이 돈을 주어 살렸던 사람의 집이었고, 그 사람들은 부자가 되어 늘 은혜 갚을 날만 기다리고 있었다.

⑧ 가난한 사람이 명당을 찾는다고 하자 선뜻 자기 집을 내주고 그동안 모은 재산도 나누어주었다.

⑨ 그 뒤 두 집안은 행복하게 잘 살았다.

'죽음에 대한 실제적 준비' 두 번째로 자신의 '장례와 장묘'에 대하여 생각해볼 수 있게 하였다. '장례와 장묘' 주제를 위해 「사람 살리고 얻은 명당」을 선정한 이유는, '명당'이라는 모티프를 사용하여 간접적으로 죽음에 대한 준비와 성찰을 할 수 있게 하기 위해서이다. 장례 제도는 시대, 민족, 문화 및 신분에 따라 다르게 나타나는데 현대에 이르러서는 장례 문화에도 많은 변화가 있었다. 허례허식을 없애고 간소화하려는 경향이 있으며, 과거에는 매장이 주를 이루었지만 최근에는 화장이 많아졌고, 화장 후 장법도 납골당에서 수목장이나 평장 등 자연장으로 변화해가는 추세이다. 따라서 '장례와 장묘' 주제는 자신의 죽음을 직면하게 함으로써 죽음을 성찰할 수 있게 하며, 자신이 죽음을 맞이하게 될 경우를 대비해 준비할 수 있도록 하는 효과를 지닌다. 이에 맞는 설화를 찾기 위해 필자는 문학치료 서사사전을 참고하여 탐색하였다.

우리나라 설화 중 장묘에 관련하여 '명당'을 화소로 하는 작품으로, 문학치료 서사사전에 총 43편으로 각편까지 하면 명당을 소재로 한 설화는 총 269편에 달한다. 그 내용을 보면 적덕을 하고 얻게 된 명당, 명당을 얻기 위해 거짓으로 수를 썼다가 빼앗긴 명당, 명당을 잘 써서 부자가 된 이야기 등이 있다. 그중에 「사람 살리고 얻은 명당」은 각편이 28편 있으며 적덕하여 얻은 복, 적선하고 얻은 묘터, 삼천 냥의 보은, 자비의 대가, 명당 잡은 이야기 등 어려움에 처한 사람을 도와주고 명당을 얻는다는 내용이다. '명당'을 화소로 한 설화를 보면, 이처럼 명당을 얻는 것은 삶의 태도나 베푸는 삶과 인과관계가 있음을 알 수 있다. 따라서 필자는 '명당'이라는 화소를 통해 자신의 장례와 장묘뿐만 아니라 살아 있는 동안 어떤 태도로 살아야 할지도 성찰하게 하는 내용이라 생각되어 「사람 살리고 얻은 명당」을 선정하였다.

「사람 살리고 얻은 명당」 작품 서사의 주인공처럼 자신이 어려운 상황에 처하였음에도 도움이 필요한 다른 사람을 도와주는 선한 의지와 행동을 할 수 있는 사람은 많지 않다. 내 갈 길이 바쁘다 보면 길에서 만난 어려움에 처한 사람들에 대해 망설이며 못 본 체하고 가던 길을 갈 수도 있지만 결국 죽으려고 하는 사람의 딱한 사연을 듣고 도와주어서 여러 사람의 생명을 살리게 된다. 생명을 살리는 것은 그 무엇보다 우선적 가치를 둔 것으로, 자신의 존재적 가치를 초월한 생명 우선으로 여기는 세계관이 그의 행동을 이끈 것이다. 그 후 도와준 일을 잊고 살았지만 자신이 어려움에 처하게 되었을 때 꼭 필요한 도움의 손길이 되어 돌아온다. 그것이 자연의 이치이고 하늘의 이치인 것이다. 결국 작품 서사를 통해 나보다 더 어려운 처지의 사람을 돕고 다른 사람을 살림으로써 함께 살아가야 하는 인생의 공동 원리를 깨닫게 되어 건강한 서사로 길내기를 할 수 있을 것이다. 이 작품을 통해 윤리적 혹은 도덕적인 면을 논하고자 하는 것은 아니나, 죽음의 준비와 성찰 그리고 인간이 어떻게 살아야 하는지에 대해 성찰하는 효과를 기대할 수 있을 것이다.

8강 존엄한 삶

(1) 내용

네 번째 대주제는 '남은 삶에 대한 의지 확보'로, 앞으로 어떤 태도로 살아가면 좋을지에 대한 웰다잉 교육의 행동적 차원으로서 삶의 의지와 태도를 재구성할 수 있게 하는 것이다. 「무수옹」을 통해 자기 서사와 접속하고, 근심 걱정이 일어날 때는 사건이나 문제 상황이 중요한 것이 아니라 그 사건이나 상황에 대처하는 내 마음의 태도가 중요하다는 것을 깨닫게 하고자 하였다. 문제가 발생했을 때 그 상황을 바꿀 수는 없지만 그 상황에 어떻게 대처할지는 내가 결정하는 것이다. 살아가는 동안 사건이나 사고가 생길 수도 있고 문제 상황이 발생할 수도 있지만 자신의 태도와 삶의 방향이 중요하다는 것이다.

작품은 MMSS의 「무수옹」을 사용하였다. 도입에서는 참여자에게 「무수옹」 이야기를 들려준다. 전개 1에서는 참여자에게 MMSS '무수옹' 질문지를 주어 작성하도록 한다. 전개 2에서는 작성한 질문지를 가지고 참여자와 이야기를 나눈다. 전개 3은 웰다잉 연계 활동으로, '사전연명의료의향서'를 설명하고 임종기 때 '연명의료'의 필요성에 대해서 생각해보는 것이다. 작품 「무수옹」을 통해 삶의 의지와 태도의 접속이 있은 후, '무수옹이라면 임종기 때 연명의료를 할 것인가?'라는 질문을 통해 무수옹의 긍정적 삶의 태도와 연결하여 참여자의 임종기 때 연명의료에 대해 질문을 하는 것이다.

임종기에 연명의료를 하지 않겠다는 뜻을 담은 문서인 '사전연명의료의향서'는 삶의 태도와 관련된 것이다. 삶을 잘 살아내고 죽음의 성찰을 한 사람은 임종기에 이르렀을 때도 집착을 내려놓고 편안한 임종을 맞이하고자 한다. '사전연명의료의향서'와 관련된 법으로 일명 연명의료결정법이 2016년에 제정되어 개인의 선택에 따라 연명의료를 하지 않을 수 있는 법적인 제도가 마련되었다. 즉, 건강할 때 사전연명의료의향서를 작성해두면 임종기에 이르렀을 때 자기 의사결정권을 존중하여 연명의료를 시행하지 않거나 중단할 수 있게 된 것이다. 사전연명의료의향서 작성 동기에 관한 연구[163]에 의하면 노인들은 자식들을 위해서, 고통스러울 것 같아서, 내 삶을 잘 정리하고 싶어서 등의 이유로 사전연명의료의향서를 작성하였다고 하였다.

사전연명의료의향서는 호스피스·완화의료 및 임종 과정에 있는 환자에게 최선의 이익을 보장하고 자기 결정을 존중하여 인간으로서의 존엄과 가치를 보호하기 위한 것이다. 따라서 사전연명의료의향서에 대한 정보를 제공하고 참여자의 선택에 따라 작성할 수 있도록 돕는 것은 웰다잉 교육에서 중요한 지점이 될 수 있다. 필자는 보건복지부 지정 사전연명의료의향서 등록기관에 소속된 상담사이므로 사전연명의료의향서 상담과 등록을 직접 할 수 있다. 그

---

163) 장경희, 강경희 외, 『사전연명의료의향서 작성 동기에 관한 연구』, 한국산학기술학회, 한국산학기술학회논문지, 제20권, 2019, p. 243

러나 상담사가 아닌 경우는 등록기관에 상담사를 의뢰하여 상담
과 등록을 할 수 있도록 도울 수 있다. 따라서 사전연명의료의향서
에 대해 설명한 후 작성을 원하는 참여자에 대해서는 상담, 등록
까지 할 수 있다. 마무리는 오늘의 느낀 점을 말하며 소감을 나누
고 마무리한다. 주요 내용과 방법은 다음 표와 같다.

8강 - 존엄한 삶

단계	주요 내용	활동
도입	• 「무수옹」 들려주기	
전개 1	• MMSS 질문지 작성하기	MMSS 질문지 작성
전개 2	• 작성한 질문지를 통해 이야기 나누기 Z-1. 실제 세상에 근심 걱정 없이 사는 사람은 없다? 보충 설명: _____ Z-2. 실제 세상에서 행복은 '가진 것'과 비례하는 법이다? Z-3. 구슬을 찾지 못했더라도 노인의 근심 걱정은 사라졌을 　　것이다? 구슬을 잃어버리고서 못 찾은 노인은 어떻게 되 　　었을까? Z-4. 나도 근심 걱정 없이 행복하게 살 날이 오리라고 믿는다? 보충 설명: _____ Z-5. 나는 이 이야기가 마음에 든다? 그 이유는?	이야기 나눔
전개 3	• 웰다잉 활동 • 사전연명의료의향서 설명 및 상담	사전연명의료의향서 작성
마무리	• 오늘의 소감 나누기	

(2)「무수옹」내용과 선정 이유

「무수옹」내용 -

① 어느 마을에 하는 일마다 잘되고 걱정이 없어 무수옹이라 불리는 노인이 있었다.

② 노인은 아들이 열두 명에 딸이 하나 있었는데 자식들이 서로 모셔 가려고 해서 한 집에 한 달씩 머물면서 즐겁게 지냈다.

③ 소문을 들은 임금이 노인을 불러서 정말로 걱정이 없느냐고 물으니까 그렇다고 대답했다.

④ 임금은 노인한테 진귀한 구슬을 선물하면서 다음번에 부를 때 꼭 가져오라고 했다.

⑤ 노인이 행복한 표정으로 강물을 건널 때 뱃사공이 뭐가 그리 좋으냐고 묻자 노인은 궁궐에 갔던 일을 말해주었다.

⑥ 뱃사공은 구슬을 좀 구경하자고 하고서 살펴보다가 강물에 구슬을 첨벙 빠뜨리고 말았다. 사실은 임금이 미리 뱃사공한테 그렇게 하게끔 미리 시킨 것이었다.

⑦ 무수옹이 구슬을 잃어버리고 집으로 오자 그 일을 알게 된 자식들이 함께 모여서 대책을 의논했다. 노인은 어떻게든 될 테니 너무 걱정하지 말라고 했다.

⑧ 그때 며느리가 모인 식구들을 위해 음식을 준비하려고 물고기를 사 왔는데, 배를 가르자 이상한 구슬이 나왔다. 노인이 보니 임금한테 받았던 바로 그 구슬이었다.

⑨ 그 뒤 다시 무수옹을 궁궐로 부른 임금이 구슬을 보여달라고 하였다. 노인은 웃으면서 구슬을 꺼내 보였다.

⑩ 그간의 사연을 전해 들은 임금은 과연 무수옹이 맞다면서 감탄했다고 한다.

「무수옹」은 근심 없는 노인에 대한 이야기다.「무수옹」을 통해 사람이라면 누구나 지향하기 마련인, '걱정 근심 없는 편안하고 행복한 삶'에 대한 서사적 점검과 통찰을 하고자 하였다. 「무수옹」의 작품 서사를 대하고 자신의 서사를 접속하면서 삶의 태도를 긍정적으로 변화시키려는 결심을 하게 되고, 삶의 태도 재구성을 하게 된다. 본 프로그램에서는 앞으로 살아갈 날들에 대한 태도로서 본받게 하고자 하는 의도로 「무수옹」을 선정하였다.

세상에 근심 걱정 없는 사람이 어디 있을까. 대부분의 사람들은 근심 걱정을 하며 살아간다. 작품 속 무수옹은 하는 일마다 잘되었고, 자녀들도 모두 서로 모서 가려고 했다. 요즘같이 노인들을 존경하지 않고 부모를 모시지도 않는 시대에 나이 든 노인들에게 이보다 더 반가운 소리가 어디 있겠는가. 현실은 꼭 그렇지는 않으니 이야기를 통해 대리 만족을 하게도 된다. 임금이 하사한 귀한 구슬을 잃어버리고도 큰 근심에 눌리지 않고 긍정적으로 행동하자 잃어버렸던 구슬도 우연히 되찾게 된다. 사건이 문제가 아니라 그 문제에 대처하는 자신의 마음 상태가 중요하다는 점에 주목하게 된다. 또한 인생의 마지막에 더 이상 가능성이 없다고 하는 시점이 올 때, 즉 임종기를 어떻게 맞이할 것인지 성찰하고자 하였다.

의학적으로 더 이상 회복할 가능성이 없고 임종이 가까워졌다고 한다면 그때 인공호흡기로 연명을 하고 싶은가? 마지막 자신의 임종을 어떻게 맞이하고 싶은지, 존엄한 삶과 아름다운 마무리에 대한 물음을 던지는 주제로서 본 작품을 활용하고자 하였다. 마지막 임종기 때 임종이 가까워졌음에도 의료기술의 발달에 따라 의식은 없어도 인공호흡기 착용 등의 도움으로 연명하는 경우가 많다. 인공호흡기에 의지하여 연명하는 삶은 환자 자신도 고통스러울 뿐 아니라 가족들과 마지막 이별의 말 한마디도 나누지 못하고 임종을 맞이하게 될 수 있으므로 이에 대한 성찰이 필요하다. 생에 대한 집착이나 욕심을 내려놓고 편안한 임종을 맞이하는 것뿐만 아니라, 존엄한 삶은 마지막 임종의 모습까지도 인간답게 살기를 원하는 것이기 때문이다. 따라서 무수옹의 삶의 태도를 통해 내 남은 삶을 어떻게 살아가야 할지 배우고 우리의 마지막 모습도 생각해볼 수 있을 것이다.

9강 버킷리스트

(1) 내용

'남은 삶에 대한 의지 확보'의 두 번째 주제는 '버킷리스트'로, '소중한 인생, 어떻게 살 것인가?'에 대한 웰다잉 교육의 행동적 차원으로 생각해볼 수 있는 내용이다. 웰다잉 교육은 죽음에 대한 교육이자 삶에 대한 교육이므로 삶에 대한 의지를 갖는 것이 중요하다. 삶으로 시작해서 죽음을 이야기하고 다시 삶으로 돌아와서 마무리해야 한다.

사용할 설화는 MMSS 「브레멘 음악대」를 선정하였다. 도입에서는 참여자에게 「브레멘 음악대」 이야기를 들려준다. 전개 1에서는 참여자에게 MMSS 'Y. 브레멘 음악대' 질문지를 나누어주고 작성하도록 한다. 전개 2는 작성한 '브레멘 음악대' 질문지를 가지고 응답과 관련하여 더 집중적으로 이야기를 나누는 것이다. 전개 3은 웰다잉 활동과 연계하는 것으로, '버킷리스트'를 작성하는 법을 알려주고 직접 작성하는 시간을 갖는다.

　버킷리스트는 사는 동안 꼭 이루고 싶은 일이나 하고 싶은 것들의 목록으로, 자신의 삶에 대해 보다 구체적으로 직접 작성함으로써 삶을 보다 가치 있고 의미 있게 살아가도록 도울 수 있게 구성하였다. 버킷리스트를 작성한 후 참여자가 작성한 내용을 발표하는 시간을 갖고, 지지하고 격려하며 응원하는 시간을 갖는다. 마무리는 프로그램에 대해 느낌이나 좋았던 점 등 소감을 나누고 마무리한다. 주요 내용과 방법은 다음 표와 같다.

9강 - 버킷리스트

단계	주요 내용	활동
도입	• 「브레멘 음악대」 들려주기	
전개 1	• MMSS 질문지 작성하기	MMSS 질문지 작성
전개 2	• 작성한 질문지를 통해 이야기 나누기 Y-1. 내가 이야기 속에 있다면 저 일행 안에 들어 있을 것이다? Y-2. 내가 저 일행에 포함된다면, 네 명 중 _____번째 순서로 들어갔을 것이다? 보충 설명: _____ Y-3. 내가 좋아하는 동물을 아무거나 생각나는 대로 3가지 쓴다면? (1)_____ (2)_____ (3)_____ Y-4. 이 이야기에서 도둑을 물리칠 수 있었던 가장 큰 힘은? Y-5. 저 네 친구한테는 숲속의 집이 '브레멘'이었다고 할 수 있다? 내가 생각하는 진정한 브레멘은? Y-6. 나는 이 이야기가 마음에 든다? 그 이유는?	이야기 나눔
전개 3	• 웰다잉 활동 • 하고 싶고, 되고 싶은 목록 작성하기 • 발표하고 나누기	버킷리스트 작성 및 발표
마무리	• 오늘의 소감 나누기	

(2) 「브레멘 음악대」 내용과 선정 이유

「브레멘 음악대」 내용 -

① 오랜 세월 동안 곡식을 나르는 일을 해온 당나귀가 있었다. 그런데 주인
이 어느 날부턴가 먹을 것을 주지 않았다. 당나귀가 필요 없다고 생각했
던 것이다.

② 그러자 당나귀는 전부터 하고 싶었던 음악을 하겠다면서 집을 나와 브
레멘으로 떠났다. 브레멘에 가면 무엇이든 하고 싶은 일을 할 수 있다고
들었기 때문이다.

③ 당나귀는 길을 가던 중에 사냥을 못해서 미움을 받고 있던 개를 만났다.
당나귀가 브레멘에 간다는 말을 들은 개는 선뜻 따라나섰다.

④ 이어서 물에 던져질 뻔했던 고양이가 합세했고, 끝으로 기름에 튀겨질
처지에 있던 수탉이 들어와 일행을 이루었다.

⑤ 그들이 즐겁게 떠들면서 길을 가다 보니 숲에서 날이 저물었는데, 멀리
불빛이 반짝이는 것이 보였다. 다가가서 살펴보니 불 켜진 집 안에서 도
둑들이 훔쳐 온 음식을 먹으면서 떠들고 있었다.

⑥ 네 친구는 그들을 몰아내기로 했다. 당나귀 등에 개가 올라가고 그 위에
고양이가 올라가고 맨 위에 수탉이 올라간 다음 목청껏 음악을 연주했
다. 그들이 한꺼번에 소리를 내며 들이닥치자 유령이 나타났다고 여긴
도둑들이 놀라서 도망쳤다.

⑦ 네 친구가 음식을 먹고 잠들었을 때, 도둑들이 상황을 엿보려고 찾아왔
다. 슬그머니 집으로 들어가던 도둑들은 고양이의 발톱에 긁히고, 개의
이빨에 물리고, 당나귀의 뒷발에 차이고, 수탉의 고함에 놀라서 넋이 달
아나버렸다. 집 안에 무서운 마녀가 있다고 믿게 된 도둑들은 멀리 떠나
서 다시 돌아오지 않았다.

⑧ 네 명의 음악가는 그곳에 머물러서 내내 잘 살았다.

「브레멘 음악대」는 그림형제의 민담으로, 주인공들은 모두 쓸모

없어진 존재로서 주인에게 버려질 운명에 처한 상황이다. 당나귀, 개, 고양이, 닭의 네 동물들은 각각의 캐릭터가 다르지만 모두 쓸모없는 존재로 외면당하던 처지에 있었다는 것이 아주 중요한 공통점이다.[164] 혼자서는 그 상황에서 어떻게 해보지 못하고 당하지만, 조그만 힘을 합치자 다시 일어날 수 있게 되었고 새로운 희망으로 브레멘을 향하여 떠나게 된다.

자기의 유효기간이 끝났다고 생각하는 대신 무언가 멋지고 뜻있는 삶을 살고자 한다. 이를테면 자기가 진짜로 살고 싶었던 '자기 인생'을 살게 된다. 남들이 볼 때는 턱없이 허술하지만 그들이 뜻을 합하여 위기를 모면하는 모습을 통하여 우리가 남은 인생을 어떻게 살 것인지 탐색해볼 수 있다. 제일 먼저 당나귀처럼 누가 돕지 않아도 스스로 운명을 개척하고자 길을 떠나는 용기 있는 사람이 있고, 스스로는 결단하지 못하지만 앞선 자들의 용기를 보고 따라나서는 개, 고양이, 닭과 같은 이들도 있다. 처음 혼자 떠나든 당나귀를 따라서 함께 동행할 의사를 가지고 기꺼이 떠나게 되든 커다란 용기를 필요로 한다.

성인기의 발달과업을 다루고 있는 설화를 활용하면 참여자가 현재 자신이 경험하고 있는 어려움에서부터 탐색을 시작할 수 있으며, 그 어려움과 과거의 미해결된 과제와의 연결지점을 쉽게 발견할 수

---

164) 신동흔, 『왜 주인공은 모두 길을 떠날까』, 샘터, 2014, p. 140

있다.[165] MMSS서사 분석지를 통해 교육 프로그램을 진행하며 질문을 해보면 당나귀와 같은 리더형이 있고, 개처럼 처음부터 나서지는 못하지만 든든한 리더가 있으면 지지해주며 충성스럽게 2인자로서 제 몫을 다해내는 사람도 있다. 대부분 모임에서 총무 일을 맡아보는 사람은 개를 고르는 경우가 많다. 또한 고양이처럼 모든 것이 믿을 만한지 꼼꼼히 따져보고 천천히 안심하며 함께 동행하는 부류도 있고, 모든 것이 확실하다는 믿음이 있는 상황일 때 가장 나중에 합류하는 신중한 사람도 있다는 것이다. 신기하게도 네 가지 동물중에 자신이 어느 동물을 좋아하는지에 대해 답하는 사람마다 고른 캐릭터가 「브레멘 음악대」 동물들의 그 역할 캐릭터와 딱 맞는다는 점이다. MMSS 질문을 통하여 자신과 닮은 캐릭터를 발견하게되는 것이 놀랍기도 하다. 또한 자신의 삶 속에서 열심히 일하다가더 이상 쓸모없어지게 되자 내침을 당하는 경우를 경험해본 경우가많다. 직장에서 평생을 일했지만 은퇴해야 하는 시기도 있고, 명예퇴직을 종용당하기도 한다. 직장뿐인가, 가정에서도 젊어서 아이들을 낳고 키웠으나 부모가 늙고 병들었을 때 돌아보지 않는 자녀들은 얼마나 많은가. 버림받은 것 같은 기분을 느끼는 부모의 마음도있다. 그러나 「브레멘 음악대」의 동물들은 혼자가 아니라 함께 '브레멘'이라고 하는 희망의 땅을 향하여 나아간다. 숲에서 밤을 맞이했지만 힘을 합하여 도둑들을 몰아내고 그 집을 차지하게 된다.

---

165) 조은상, 「문학치료의 발달적 접근」, 『고전문학과 교육』 37집, 2018, p. 14

혼자의 힘은 약하지만, 다른 사람들과 서로 돕고 힘을 합하면 괴물과 같은 힘이 나올 수 있는 것이다. 힘이 약할수록 어울려서 살고 함께 도우며 살아가야 하는 것이다. 결국 그들은 그 집에 머물며 잘 살았다고 이야기는 끝을 맺지만 그들의 꿈을 실현시켜줄 브레멘을 찾은 것이다. 브레멘은 지정된 지명이기도 하지만 '희망이 있는 곳', '자신의 존재를 알아주는 곳', '행복하게 살 수 있는 곳'을 상징적으로 나타낸 것이라 할 수 있다.

10강 다시 쓰는 이야기

작품을 다시 쓰는 활동은 자신의 관점에서 텍스트의 주인공을 평가하는 것으로 이해되는 과정이며, 나아가 텍스트에 대한 문제를 제기하고 그에 대한 대안을 모색해보는 적극적인 활동이다.[166] 도입에서는 그동안 2강에서 9강까지 다루었던 작품 전체를 참여자에게 다시 소개한다. 기억이 잘 안 나는 작품이 있다면 다시 줄거리를 요약하여 들려준다.

전개 1에서는 본 프로그램에서 8개의 설화 작품을 다루면서 가

---

166) 고영화, 「다시 쓰기 활동의 비평적 성격에 대하여—전래동화 다시 쓰기를 중심으로」, 『문학교육학』 3, 한국문학교육학회, 1999, p. 224

장 마음에 드는 작품이 있는지, 혹은 마음에 들지 않는 작품이 있는지 질문하고 참여자가 선정하도록 하여 참여자의 마음에 들지 않는 부분을 고쳐 쓰도록 한다. 전개 2에서는 고쳐 쓴 작품이 왜 마음에 들었는지, 혹은 왜 마음에 들지 않았는지 이유를 물어보고 고쳐 쓴 작품을 참여자가 읽도록 하고, 고쳐 쓴 이유 등에 대해 이야기를 나눈다.

이어서 프로그램에 참여하면서 느낀 점이나 좋았던 점이 무엇이었는지 편안하고 솔직하게 '소감문'을 작성하도록 한다. 그리고 작성한 '소감문'을 나눈다. 종강이므로 '프로그램 만족도 조사'를 한다. 프로그램 만족도의 내용은 6가지의 문항으로 이루어져 있는데, '매우 그렇다, 그렇다, 보통, 그렇지 않다, 전혀 그렇지 않다'의 5개 척도로 나누어 해당란에 체크만 할 수 있게 하였다. 내용은 '나는 프로그램에 참여하기 전에 죽음에 대해 생각해본 적이 있다', '나는 프로그램에 참여하고 나서 죽음에 대한 인식에 변화가 있었다', '나는 프로그램에 참여하면서 인생을 되돌아보는 시간이 되었다', '나는 프로그램에 참여한 후 죽음에 대한 준비를 하게 되었다', '나는 프로그램에 참여 후 죽음 준비에 대한 교육이 많은 사람들에게 필요하다고 생각한다' 등의 내용이다. 6번 문항은 가장 좋았던 프로그램은 무엇인지, 그 이유는 무엇인지 서술형으로 작성할 수 있도록 하였다.

마무리는 프로그램을 하면서 느낀 소감이나 느낀 점 등을 나누고, 사후 척도 검사 작성 후 마무리한다.

10강 - 다시 쓰는 이야기

단계	주요 내용	활동
도입	• 2~9회기까지 나눈 설화 작품 다시 정리해서 들려주기	
전개 1	• 한 작품 선택하여 다시 쓰기	다시 쓰는 이야기
전개 2	• 다시 쓴 이야기 나누기	이야기 나눔
전개 3	• '소감문' 작성하기	소감문 나눔
마무리	• '프로그램 만족도' 작성 및 사후 척도 검사	

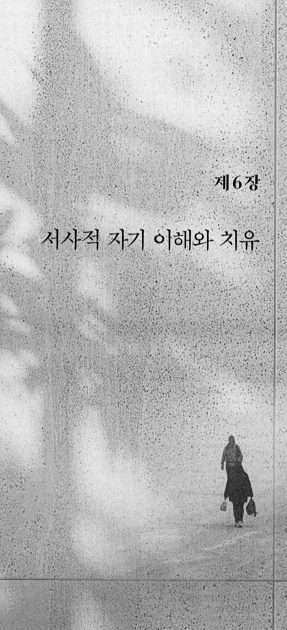

제 6 장

서사적 자기 이해와 치유

1.
중년기 남녀 참여자의
서사적 자기 이해와 태도 변화

　설화를 활용한 죽음 준비 교육 프로그램을 실행하고 그 효과에 대해 확인하고자 성인 중년 3명을 연구 대상자로 분석하였다. 프로그램에 참여한 성인 중년 3명은 웰다잉에 관심이 있는 사람들로, 웰다잉 교육을 받아본 경험이 없는 사람들이며 연구 참여 권유 및 소개로 이 연구 프로그램에 참여하게 되었다.

　분석 결과 참여자 A, B, C에게 서사적 자기 이해와 태도 변화가 있었다. 각기 다른 특징적 서사로 분석되었는데, '애착 갈망과 안정 추구로 인한 갈등 서사', '외부세계 편향으로 인한 페르조나의 서사', '세상 기준과 존재적 가치의 타협 서사'로 도출되었다. 참여자의 서사 분석은 타당도와 신뢰도를 갖기 위해 민담 전문가 및 서사 분석 전문가의 슈퍼비전을 통해 분석을 하였다. 참여자의 일반적 특성은 다음 표와 같다.

참여자의 일반적 특성

구분	참여자 A	참여자 B	참여자 C
성별	남자	여자	여자
연령	54세	56세	55세
학력	대학교 졸업	대학교 졸업	대학교 졸업
직업	컴퓨터 프로그래머	어린이집 보육교사	부동산 공인중개사
종교	무교	천주교	기독교
가족관계	아내와는 별거 중이며, 대학생인 두 딸은 아내와 살고 있다.	남편과 슬하에 딸, 아들 남매를 두었고 딸은 결혼하여 분가한 상태이다. 현재 남편과 미혼인 아들과 살고 있다. 아들도 장성하여 직장에 다니고 있다.	남편과는 최근 이혼하였으며, 현재 미혼인 두 자녀와 살고 있다. 미혼인 자녀는 남매로 딸, 아들 모두 직장 생활을 하고 있다.
웰다잉 교육	받아본 적 없음	받아본 적 없음	받아본 적 없음

2.
애착 갈망과 안정 추구로 인한 갈등 서사

1) 참여자 A 기본 정보

- 성별: 남자
- 나이: 만 54세
- 가족사항: 아내, 대학생인 두 딸이 있으나 가족들과는 현재 별거 중이다.
- 학력: 4년제 대학 졸업
- 종교: 무교
- 직업: 컴퓨터 프로그래머
- 웰다잉 교육 경험: 웰다잉 교육을 받은 적은 없으며, 프로그램에 참여한 이유에 대해서는 "웰다잉에 대해 이해를 하여 좀 더 나은 노후 준비를 하고 현재 삶을 더 알차게 사는 방법을 알기 위해 참여했습니다"라고 작성하였다.

참여자 A는 전체 프로그램에 적극적이었으며 작품 서사 MMSS 질문에 집중하며 충실하게 참여하였고 대체로 이성적이고 객관적인 관점에서 서술하는 태도를 보였다. 언어적인 방어성 또한 보이지 않고, 솔직한 태도로 답변하였다. MMSS 질문에 대한 응답 또한 강한 긍정, 강한 부정 등 한쪽으로 편중되지 않았다. 프로그램을 통해 드러난 참여자 A의 특징적 서사는 다음과 같다.

2) 관계와 가치를 추구하는 존재적 자아

사회적 자아개념에 따르면 자아개념은 대부분 생활 속 중요한 사람들과의 상호작용을 통해 얻어진다.[167] 친밀한 대인관계는 정신건강과 심리적 안녕의 필수 요소이며 타인과의 관계 속에서 경험하는 존중과 배려는 개인의 자아존중감을 향상시키고 살아가는 데 심리적 자원이 된다.[168] 중년은 사회활동이 가장 왕성한 시기로, 사회적 관계 맺기에 따라서 노년기에 고립감 및 침체감을 경험할 수 있는 중요한 전환이 일어나는 시기다.

참여자 A는 신뢰를 바탕으로 관계를 맺고 좋은 결실을 맺을 때 존재를 확인하고 행복을 느낀다고 이야기한다. 직원, 후배를 돕는 이타적인 행동을 통해 행복감을 느낀다고 한다. 그러나 '용서와 후회' 시간 중 행복에 대한 답변에서 사회적 관계 서사만 확인되고 가족, 즉 부부나 혈연관계인 자식과의 관계를 통한 행복감은 언급하지 않는다. 또한 부부 서사인 「엎질러진 물」 이후 진행된 '편지

---

167) 이명성, 「정보화 사회에서 스마트폰 이용이 노인의 자아존중감에 미치는 영향—대인관계의 매개효과를 중심으로」, 서울기독교대학교 박사학위논문, 2015, p. 25

168) 김유숙 외, 『자기실현과 정신건강』, 학지사, 2008, p. 65

쓰기'에서도 두 딸에게 편지를 쓰며 부부감싸기 서사와는 거리감이 있는 반응을 보인다.

중년의 위기감은 정서적 위기와 인지적 위기의 두 차원으로 구분된다. 즉, 사회체계 내에서의 관계인 직업, 결혼 및 자녀관계가 정서적 위기감의 직접적인 원인이라고 분석한다.[169] 참여자 A는 가장의 무게를 지고 책임감 있게 가족관계 지속을 위해 애쓴 50대 남성의 표본적인 모습을 보인다. 일차적 사회체계인 집을 나오면서 정체감을 흔드는 근본적인 질문을 하게 되었던 것으로 보인다. 집에서 나올 때 가장이라는 역할 정체성을 내려놓는 과정에서 존재적 자아를 위한 우선순위에 대한 재평가가 동반되었을 것이다.

경제적 기반 구축은 안정적인 노후를 위해 불가피한 선택이었으나, 가족과 합의되지 않은 상태로 집에서 나왔기에 나오는 과정에서부터 갈등이 생겼고 그것이 상처로 남아 존재적 자아를 흔들고 훼손하는 것으로 보인다. 특히 관계와 사랑의 가치에 대해 우선시하는 존재적 자아는 내면의 갈등을 더욱 심화시켰을 것이다.

---

169) 김애순, 「중년기 위기감(3): 개방성향과 직업, 결혼, 자녀관계가 중년기 위기감에 미치는 영향」, 『한국노년학』 제13권, 1993, p. 3

3) '순리' - 책임을 다하지 못한 부성에 대한 합리화

참여자 A는 '순리'라는 단어를 반복해 사용하는 특징을 보인다. '순리'는 집을 나온 서사에 대해 정당성을 주장하기 위한 참여자 A의 대표어라 할 수 있다.

참여자 A는 다음의 작품 서사에서 순리를 언급한다. 먼저 「복 빌린 나무꾼」에서 차복이가 석숭이에게 재산을 준 것에 대해 내 것이 아닌 것은 포기하며 운명대로, 순리대로 가도록 두는 것이 필요하다고 긍정한다. 「아버지의 유산」에서는 주어진 상황에서 순리대로 잘 살 수 있었기에 삼 형제가 부자가 될 수 있었다고 강조한다. 이는 욕심을 부리지 않고 제 할 일을 하는 삶을 지지하는 태도이다. 이를 통해 참여자 A의 개인적 신념을 엿볼 수 있다.

그리고 「바리공주」에서 죽음은 과정으로서 우리가 선택할 수도 없고 과정으로 지나가는 것이며 운명적 순리에 따라서 받아들이는 것이라고 말한다. 「무수옹」에서 무수옹을 순리대로 사는 사람이라고 말하며, 여기에서 순리는 인생에서 모든 것을 편하게 내려놓는 자세를 내포한다. 참여자 A의 '순리'는 '운명'이고 욕심을 부리지 않는 자세를 의미하며 '죽음'처럼 거스를 수 없는 자연의 이치도 포함한다. 그런데 참여자 C는 「엎질러진 물」에서 자녀 서사를 말하며 아버지와 분리 경험이 있는 자신의 딸들이 앞으로 이성을 만날 때 트라우마로 작용할 수 있는 것을 우려한다. 그러나 이 또한 순리에 따라야 한다는 말을 한다. 부모와의 분리는 자녀들에게 비자발적 사건이다. 책임을 다하지 못한 부성이 자녀에게 순리에 따라야 한다고 말하는 것은 설득력을 얻지 못한다. 딸들에게 자신을 일방적으로 이해받기 원하는 태도는 '편지 쓰기'를 통해서 확인된다.

> 자꾸 내 편을 들려고 한다. 비난을 피하고 싶은 것이다. …(중략)… 입이 열 개라도 할 말이 없다. …(중략)… 그런데 왜 내가 잘못한 것일까? 내가 그냥 살았어야 하나? 아이들 입장에서는 또 그렇고… …(중략)… 나를 더 이해해달라고 하고 싶었지만 그건 내 잘못이 아니기에 잘되지 않았으며, 궁색한 변명이 되는 것 같아서 못 쓰겠다.

딸들에게 쓴 편지를 읽으라고 하자 참여자 A는 눈물이 쏟아져서 도저히 읽지 못하겠다고 말했다. 감정과 눈물에 내포된 내적 세계는 서사에 대한 객관화 과정이 부재했던 것을 반영한다. 비난을 회피하며 자신을 옹호하고자 하며, 어쩔 수 없는 상황이었다고 자녀를 설득하고자 한다. 자녀에 대한 미안함보다는 자신의 입장을 내세운다.

참여자 A는 점차 안정적인 생활로 접어들면서 딸에 대한 생각이 점점 커지고 있다고 밝힌다. 아버지와의 분리 서사가 딸의 미래 이성 관계에 왜곡된 영향을 미치지 않을까 우려한다. 그러나 부모와의 분리로 인한 문제 서사가 자녀에게 이어져 자녀 또한 순리에 맡기며 세상 원리에 순응해야 한다는 입장은 문제 서사의 해소에 역기능으로 작용할 수 있다.

참여자 A의 '순리에 따르는 삶'에 대해 작품 서사를 통해 고찰하면, 사회 서사에 있어서는 욕심을 부리지 않고 제 길을 꿋꿋이 가고자 하는 신념으로서 긍정적 역동으로 작용한다. 그러나 가족 서사에 있어서는 수동적이며, 스스로를 긍정하나 문제 서사에 대해서는 자녀들이 수용하길 바라는 무책임한 부성으로 기능한다. '순리'라는 가치 중심적 관점으로 개인 서사의 정당성을 확보하고자하는 의지는 다양한 형태의 서술로 반영된다.

4) 자기합리화와 미래 서사에 대한 강한 의지의 투사

집을 나온 것에 대해 정당성을 확보하려는 참여자 A의 의지는 '순리, 희생, 명분'의 가치 중심적 관점과 더불어 상대에 대한 적극적 이해와 입체화를 통한 역할 기대 투사를 통해 드러난다. 인물에 대한 적극적 이해와, 평면화 혹은 입체화를 통한 역할 기대 투사는 아버지와 딸이 등장하는 「바리공주」, 「신데렐라」 작품 서사에서 두드러진다.

「바리공주」에서 참여자 A는 아버지가 딸을 버린 것에 대해 나쁜 아버지인 것 같다고 말하고, 아들이 아니었다고 딸을 내다 버린 행동을 하는 것은 잘못되었다고 답한다. 그런데 필자와 이야기를 나누는 중에 바리를 내다 버린 것은 어쩔 수 없는 미필적 고의라며 생각이 전환되는 모습을 보인다. 주체적인 삶을 위해서 어쩔 수 없이 가족과의 별거를 선택한 개인 서사와, 작품 서사의 아버지가 사회적 지위 때문에 어쩔 수 없이 딸을 버린 서사는 '미필적 고의'라는 정당성을 확보하며 작품 서사의 아버지를 적극적으로 이해하는 모습을 보인다. 생사를 건 구약 여정에 오른 바리에 대해서도 다른 참여자들과의 반응과 다르게 바리의 자기희생으로 인해 자기성찰의 시간이 많았을 것이라며 바리는 원망을 딛고 포용하는 그릇으로 성장했을 것이라고 말한다. 바리의 희생을 '희생, 명분, 가치'로 재해석하여 긍정적 전환을 하는 태도를 보이며 적극적 이해를 한다. 딸을 처음부터 그 험난한 곳으로 내몰지 않아야 한다며 모성, 부성을 보인 일반 참여자들의 답변과 다르게 참여자 A는 그 어려움이 딸인 바리에게 성장의 도움을 줄 것이라고 한다.

딸의 정신적 성장에 집중하는 태도는 「신데렐라」에서도 일관적으로 확인된다. 신데렐라에게 아버지가 무엇을 갖고 싶은지 묻자 신데렐라는 아버지가 장에 갔다 오다가 모자에 닿는 첫 번째 나뭇가지를 꺾어다 달라고 했을 것이라 답한다. 그 이유에 대해서 참여자 A는 아버지가 말 타고 다니는 데 불편할 것을 우려한 답변이라고 말한다. 신데렐라는 어머니를 잃고 슬픔에 빠져서 어머니 무덤가에서 아픔, 상실의 시간을 온전히 혼자 견뎌내는 것으로 그려진다. 어느 때보다 아빠와의 애착관계 형성이 중요한 시기인데 신데렐라가 새어머니와 언니들에게 구박받으며 집안일을 할 때 아버지의 모습은 나타나지 않는다. 아버지의 부재는 아버지의 역할 상실로 보인다. 그런데 참여자 A는 신데렐라에 대한 연민의 감정은 드러나지 않고, 오히려 그 딸이 아버지를 더 생각해준다고 한다.

정당성을 확보하기 위한 인물 투사는 자신의 신념을 중심으로 이동성을 띠는 특징을 보인다. 이는 확고한 신념에 대한 자기인지와 주변에 공감을 희망하는 의지의 투사라 할 수 있다. 참여자 A는 「바리공주」의 왕과 바리공주에 투사되며 왕에 대해서 적극적 이해를 한다. 그리고 바리공주에 대해서는 희생에 의미를 부여하며 역할 기대를 투사한다. 「신데렐라」에서도 참여자 A는 가치 중심으로 서사를 해석하며 인물 간 투사가 이동성, 역동성을 띤다. 이야기가 전개되어감에 따라 신데렐라, 신데렐라의 아버지, 그리고 왕자에게 이동하며 일시적으로 투사된다. 인물에 대한 공감에서 머무는 것이 아니라 인물에 투사되어 진행되는 공감적 상상력은 역할 기대에 대한 투사로 자신의 바람 혹은 신념을 이야기하는 역동으로 발휘된다.

참여자 A의 인물 투사는 공간에 따라서, 그리고 역할 기대에 따라서 이동을 한다. 먼저 신데렐라의 도입 부분인 '무덤' 공간에서는 신데렐라를 성숙한 딸로 입체화하며, 애도의 장면에는 의미를 부여하지 않는다. 다음으로 서사의 분기점인 '무도회' 공간은 두 가지 의미를 내포한다. 먼저 주체적인 선택은 곧 스스로 집을 나온 당위성 확보를 위한 기제로 기능한다. 다음으로 사랑의 가치 실현으로 해석하며 남녀 서사 중심으로 관점을 이동한다. 즉, 공간과 인물에 따라서 부모자녀 서사와 남녀 서사로 이동하며 역할 기대를 투사한다. 신데렐라의 무도회 참석으로 왕자를 만나게 되는 성공 서사는 참여자 A로 하여금 자기 서사를 긍정하고 발전시키는 계기를 제공한 것으로 보인다.

신데렐라의 용기는 '사랑'을 최우선의 가치로 두고 있는 존재적 자아의 내적 욕구를 표출하는 장치로 기능한다. 둘은 어울리는 한 쌍이며, 오래 잘 살았을 것이라고 말한다. 자신도 집을 나감으로써 만족하지 못했던 삶에 안주하지 않고 진짜 사랑을 추구하는 삶이 가능해졌다고 말한다. 신데렐라 작품 서사를 통해 참여자 A도 갈림길에서 길을 찾게 된 것이다. 어려운 상황에서도 신데렐라가 적극적으로 문제를 해결하며 무도회에 참석했던 행동과 주체성이 참여자 A가 만족하지 못하는 삶에 안주하지 않고 집에서 나온 것과 상동적인 구조를 갖는다고 할 것이다. 신데렐라와 왕자에 대한 인물 해석 또한 개인의 신념이 투영된 서술을 한다.

참여자 A는 신데렐라의 성공 서사에 대해서 "최선을 다하다 보면 결국은 이루어질 것이다. 나도 이런 경험을 많이 했다", "나도 IT(컴퓨터 프로그래머) 일이 잘 안된다고 다른 일을 했으면 기회가 안 왔을 것이다"라고 말하며 작품 속 인물과의 동일시를 드러낸다. 특히 왕자에 대해서 "왕자는 현명하고 사랑에 높은 가치를 두고 있어서 멋진 신랑이 될 것이다. 왕자가 사랑을 중요하게 여겼다는 것은 영혼이 순수하고 때 묻지 않았다는 것이다"라고 말하며 왕자와의 동일시를 통해 자신의 소망을 드러낸다. 진정한 사랑에 대한 참여자 A의 의미 부여는 작품 서사 구조에 대한 상동성, 인물에 대한 동일시를 강화하는 장치로 서로 체결되며 욕구의 발현을 일으킨 것으로 보인다.

　사회 서사의 성공 또한 집을 나온 정당성 강화기제로 작용한다. 「복 빌린 나무꾼」에서 자신의 복에 대해서 사회 서사만 언급한 참여자 A는 사회 서사 성공에 대한 만족, 성취감을 작품 서사를 통해 여러 번 서술한다. 그리고 내세울 만한 사회 서사는 집을 나온 당위성의 근거가 된다. '용서와 화해'가 주제인 '편지 쓰기'에서 참여자 A는 미안함을 표현하기보다는 진정 하고 싶은 일을 하고 진정 살고 싶은 삶을 살라는 충고의 말을 작성했으며, 자신이 집을 나올 수밖에 없었던 것을 이해시키고자 하는 태도가 두드러졌다.

　또한 성공적인 사회 서사를 뒷받침하는 정신적 유산 또한 정당성의 근거가 되며 「아버지의 유산」의 인물에 투사한다. 참여자 A는 작품 서사에서 형제들의 성공이 아버지의 정신적 유산 덕분임을 강조한다. 유산을 물려주지 못하고 돌아가신 아버지에 대해, 평소 삶에서 지혜로운 모습을 보여주었기 때문에 삼 형제가 하잘것없는 물건으로 지혜를 발휘했다며 인물과 서사를 입체화한다.

　참여자 A는 최선을 다해 살았고, 사회적으로 자신이 이룬 성과에 대해 자부심을 가지고 있으며, 딸이 컴퓨터공학을 전공하게 된 것도 어릴 때부터 딸들 공부를 봐준 자신의 공이 크다고 이야기한다. 딸에게 물려주고자 하는 유산은 「아버지의 유산」의 아버지와 마찬가지로 삶의 태도, 정신적 유산이라고 말하며 작품 서사와의 접속이 확인된다. 특히 개인 서사의 성공이 자녀의 사회 서사의 성공과 직결된다는 신념은 '인생 그래프'를 통해 가시화된다. 자녀의 대학 입학, 즉 자녀의 사회 서사 성공을 생애 최고의 긍정적 사건으로 선택하며 동일시가 확인된다.

5) 가치 중심 관점의 강화와 비전의 실현 의지 표출

참여자 A는 '사랑, 선함, 순리, 관조, 향기' 등의 가치에 대해 반복해서 언급한다. 가치가 내포하는 절대성은 자신의 행동에 대한 방어기제로 작용한다. 그러나 작품 서사와의 역동은 개인적 신념, 가치에 대한 명료화를 통해 미래 설계의 원동력으로 작용한다.

'사랑'은 부부 서사의 단절에 대한 정당성을 확보하는 역할을 한다. 「신데렐라」를 통해서 참여자 A는 '사랑'이라는 가치에 대해 "마음이 없는 결혼 생활에 안주하지 않고, 인생의 궁극적인 목적인 진정한 사랑을 찾아 나선 주체적인 행동"이라고 말하며 당위성을 확보하고자 한다. 다만 관계와 사랑이라는 가치를 우선시하는 존재적 특성은 자기 직면을 통해 화합의 방향성에 순기능으로 작용한다.

'선함'은 자신이 아버지에게 받은 유산으로, 「아버지의 유산」에서 참여자 A는 베푸는 삶을 강조한다. '선함'이라는 가치를 물려받은 참여자 A는 '최선을 다하는, 성실한 삶의 태도'를 딸들에게 물려주고자 한다. 그런데 정신적 유산, 즉 삶의 태도에 대한 성찰은 사회 서사에 해당하며 아버지로서의 정체성에 해당되지 않는 것이라며 스스로 인정하는 태도를 보인다.

무수옹이라는 인물을 통한 참여자 A의 정서 체험은 사고와 행동을 고양시키는 계기로 작용하여 '순리, 관조, 향기'의 반복 사용을 통해 내면적 개인 서사의 지향성을 표출한 것으로 유추된다. 무수옹이라는 인물은 참여자 A에게 작품 서사를 본보기로 하여 막연하게 그려온 자아상에 대해 생각을 하는 기회를 제공해 존재성 발현의 계기가 된 것으로 보인다.

또한 「브레멘 음악대」에서 진정한 브레멘에 대한 정의는 참여자 A의 핵심 가치를 반영한다. '주위 사람들과 원만하게 지내고, 내가 하고자 하는 일들을 할 수 있는 것'이라는 답변을 통해 삶의 미래 의지가 확고해지고 구체화되는 것을 확인할 수 있었다. 「브레멘 음악대」를 통해 이야기를 나눈 후 동물들이 상징하는 사람들, 즉 사회에서 낙오된 인물들이나 노인들의 삶에 대해 생각하며 자신의 미래 가치를 위해 더 노력해야겠다는 의지를 밝힌다.

3.
외부세계 편향으로 인한 페르조나의 서사

1) 참여자 B 기본 정보

- 성별: 여자
- 나이: 만 56세
- 가족사항: 남편, 아들(직장인), 결혼한 딸(분가한 상태임)
- 학력: 4년제 대학 졸업
- 종교: 천주교
- 직업: 유치원 보육교사
- 웰다잉 교육 경험: 없음

2) 관계적 자아와 존재적 자아의 갈등

(1) 자녀로 인해 부부 서사를 지속하고자 하는 서사

참여자 B는 「엎질러진 물」 작품 서사를 통해 부부 서사에 있어서 아내의 역할을 강조하며 남편을 무조건적으로 수용하는 태도를 보인다. 남편이 일부러 그런 것도 아닌데 여자가 나간 것은 잘

못이라는 질문에 '그런 편이다'라고 긍정을 한다. 결론적으로 참여자 B는 남편이 돈 말고 인품이나 다른 면으로 채워주는 긍정적인 면이 분명히 있었을 것이라고 강조하며 여자가 더 참았어야 한다고 말한다.

참여자 B의 이야기 속 아내에게 공감이 간다고 말하며 더 참았어야 한다는 입장은 경제적으로 힘들 때마다 참여자 B가 생활에 보탬이 되어서 고비를 넘어간 개인 서사가 반영된 투사적 서술로 유추된다. 남편의 운이 여자에게 달려 있다는 말 또한 참여자 B 부부의 문제 서사를 극복할 수 있게 한 배경으로 판단된다. 그런데 부부는 동반자적인 관계로, 부부 서사는 일방이 아닌 쌍방의 문제 서사다. 누가 누구에게 달려 있는 의존적인 관계 속 접근 방식이 아니라 쌍방의 문제로 접근하는 것이 문제 서사에 대한 합리적 결론을 도출한다. 남편의 운이 여자에게 달려 있다는 말은 과거 속담에 '여자 팔자는 뒤웅박 팔자'라는 말과는 반대되는 의미를 내포하는 것이다. 현대사회는 페미니즘과 미투 운동이 유행하는 시대이다. 여성의 인권이 세계적 이슈로 등극하는 시대인 만큼 "남편의 운이 여자에게 달려 있다"라는 참여자 B의 말에 대한 긍정적인 해석도 가능하다. 그러나 이는 의존적 관계로, 건강한 관계 구축을 저해할 수 있다. 특히 참여자 B는 남편에 대한 비판적인 태도는 전혀 드러내지 않으며 오히려 인품이나 다른 면으로 채워주는 부분이 있을 거라고 확신한다. 서사에 대한 상상적 보충은 개인 서사 접속의 표지이며 이는 프로그램 이후 진행된 '편지 쓰기'를 통해서 확인된다. 참여자 B는 내가 남자였다면 아내를 다시 받아줬을지 묻는 질문에 '전적으로 그렇다'로 표기하며 이미 시작한 부부 서사에 대한 지속은 유지해야 한다는 태도를 단호하게 드러낸다. 그런데 단절 이후의 개인 서사에 대해서는 남자의 일에 신경을 껐을 것이라고 강하게 확신한다. 그리고 부부 서사의 지속을 지지하는 배경에는 자녀의 존재가 있다는 단서를 제공한다. 자녀들이 있다면 참았고, 없었다면 나갈 것이라고 답한다. 자녀에 대한 참여자 B의 마음은 '편지 쓰기', '꽃 그림지'를 통해서도 알 수 있었다. 가장 기뻤던 일로 딸과 아들의 대학 입학과 취업을 적었으며, 가장 좋아하는 것에 딸이라고 답하며 자신의 인생에 있어 자녀가 큰 부분을 차지하고 있음을 표현했다.

자녀의 존재가 부부 서사 지속을 지지하는 배경이라는 결론은 남편에 대한 참여자 B의 서술을 통해 설득력을 높인다. 참여자 B는 자녀에 대한 애정과 대비적으로, 남편에 대해서는 버리기에는 아깝고 남이 채어 가면 잘될 것 같은 생각이 든다는 표현을 한다. 버린다는 표현은 가치를 절하시키는 표현으로 남편이 참여자 B가 바라는 역할 기대를 충족시키지 못한다는 의미로 해석된다. 이는 과거 남편의 사업으로 인한 경제적 어려움을 참여자 B가 해결함으로써 위기를 넘겼다는 말로 유추해보면 남편의 능력에 대한 평가일 수 있다. 그리고 남이 채어 가면 잘될 것 같은 생각이 든다는 말은 일종의 양가감정으로, 조력자 측면에서 자신이 적합하지 않다는 판단 혹은 자신의 부족함을 인정하는 의미일 수 있다. 자신이 적합하지 않다는 판단은 화해와 갈등 국면에 있어서 원활하지 않음을 반영하는 표지일 수 있는데, 서로가 다름을 인정하는 과정이 쉽지 않았음을 내포하는 것일 수 있다. 기대치에 부합하지 않는 부부 서사에 대한 아쉬움은 자녀들이 있기 때문에 극복해야 하는 개인 서사인 것을 알 수 있다. 자녀에 대한 애정으로 부부 서사를 지속하고자 하는 참여자 B의 태도는 부부의 역할 기대에 대한 편향이 동반되며, 이는 존재적 자아가 아닌 관계에 맞춤으로써 자아의 억압으로 인한 내적 불균형을 야기할 수 있다. 참여자 B는 '다시 쓰기' 또한 「엎질러진 물」을 선택하며 이야기의 추가를 통해 아내의 과제를 구체적으로 제시하고 일인칭 시점의 동사 어미를 사용함으로써 부부 서사의 지속을 추구하는 개인 신념을 확고하게 드러낸다. 가족 서사 지속을 지지하는 태도는 「사람 살리고 얻은 명당」에서도 '생명'과 '은혜'를 중시하는 가치 중심적 태도와도 맥락을 같이한다. 다만, 물질과 가치에 대한 태도는 '유산'을 통해서 모순된 내면이 확인된다.

(2) 유산상속 문제로 틀어진 부모자녀 서사

참여자 B는 회기 내내 엄마와의 갈등으로 인한 어려움을 호소해 왔다. 엄마와 딸의 관계는 유산을 중심으로 문제가 증폭되며 엄마의 일방적 이해를 구하는 태도로 인해 문제 해결의 실마리가 보이지 않는 상황인 것을 알 수 있었다. 유산은 '복'과 연관성을 가지며 나눔을 강조하는 태도를 통해 유산에 대한 참여자 B의 내면이 투사된다. 참여자 B는 「복 빌린 나무꾼」과 「사람 살리고 얻은 명당」 각각의 서사에 대해 상반된 지향성을 보인다. 이는 복에 대한 참여자 B의 관점을 재조명하는 계기를 제공한다. 「복 빌린 나무꾼」은 노력하지 않고 받은 것이라서 마음에 안 든다고 답하며, 「사람 살리고 얻은 명당」은 은혜를 주고받는 선순환의 구조로 해석하며 마음에 든다고 답한다. 참여자 B는 아버지의 유산상속이 아들인 남동생에게만 돌아간 것에 대한 불만의 자기 서사가 있다. 유산에 대한 불만은 「복 빌린 나무꾼」 서사를 마음에 들어 하지 않으며, "노력하지 않고 받은 것이라서… 받은 이후의 삶도 중요하다. 받은 후 주변과 나누는 삶에 대한 태도가 중요하다"라는 부연 설명을 통해 투사된다. 동시에 '유산'의 수혜자인 남동생에 대한 질타인 것이 확인된다. 반면 참여자 B는 「아버지의 유산」에서 아버지가 유산이 없어서 미안하다는 말을 했을 것이라고 서사를 보충하고, 「사람 살리고 얻은 명당」 서사에 대해 은혜의 선순환을 통한 동반 성장으로 서사를 완성시키며 개인 서사에서 보상받지 못한 심리를 투사한다. 개인 서사의 부모자녀 서사나 형제 서사와 연관된 유산, 즉 '복'과 연관성을 가지며 서사에 대한 지향성이 결정되는 것이 확인된다. 서사의 지향성이 물질의 나눔, 선순환을 강조함으로써 가치 중심으로 결정되지만, 물질과 유산의 나눔이 실행되지 않은 개인 서사로 인한 섭섭한 마음, 부정적 심리가 투사된 반응이라고 할 수 있다.

'버킷리스트' 또한 물질에 대한 참여자 B의 지향성을 반영한다. 11

문항 중 5개의 문항 또한 존재적 자아의 풍요로움과 관련된 것으로 채운다. '외제차 사기(BMW)', '현금 5억 통장 가지고 살기'의 항목을 통해서 물질에 대한 욕구가 확인된다. '나만의 오피스텔 꾸미기'를 통해서 독립된 공간에 대한 욕구, '매일매일 운동하기(살찌지 않기)'를 통해 건강에 대한 우려가 확인된다. 그런데 모든 항목은 외적 편향인 것을 알 수 있다. 나머지 문항인 6문항 중에 '남편과 하와이에서 한 달 살기(훌라, 서핑 배우기)', '한 달 살기 할 때 친구들 부르기(초대)' 또한 관계적 자아의 성장의 의미일 수 있지만, 존재적 자아의 외적 강박을 채우기 위한 수단이라는 해석도 가능하다. 이는 함께 프로그램을 참여한 참여자 C의 답변과 대비되며 그 특징이 더 두드러진다. 참고로 참여자 C의 리스트에는 형제들 화해시키기(오빠, 나, 창기, 덕기), 직장 없을 때 1주일에 한 번 봉사하기(할머니 머리 컷), 내 몸을 건강하게 유지하기 위해서 노력하기(운동, 음식, 영양), 엄마와 동생들과 함께 여행 가기(내가 돈 다 부담해서)가 포함된다.

3) 긍정 편향의 과도한 행복감을 표출하는 강박적 태도

참여자 B의 긍정성은 이상과 현실의 괴리로 인한 자아와의 충돌이 야기한 타협 및 자기암시인지, 이상적 모델에 대한 강박인지, 아니면 생애 주어진 과업을 통한 통찰 및 깨달음인지 정확하게 알 수 없다는 모호한 특징을 지닌다. 참여자 B는 긍정성 반복과 제고, 그리고 모순된 태도를 통해 설득력이 떨어지는 전개로 문제 서사 관련 단서가 드러나지 않는 서술을 한다는 특징을 보였다. 과도한 긍정성은 방어기제로 작용해 나약한 자아를 감춰 본래성을 상실하게 하며 문제 서사와의 접속을 방해할 수 있다.

참여자 B는 「복 빌린 나무꾼」에서 자신의 '복'에 대해 긍정성을 제고하는 태도를 보인다. 초반에 복이 평균 이상은 되는 것 같다고 답하며 확신이 서지 않는 모습을 보였는데, 프로그램 마지막으로 진행된 질문에서 80~90% 복이 있는 사람이라고 답하며 정확한 수치를 통해 자신에 대한 긍정성을 높이는 모습을 보인다.

긍정적 태도 혹은 긍정 편향의 태도는 「신데렐라」, 「무수옹」 서사에서 '현재'에 대한 긍정성을 통해서 재확인된다. 「신데렐라」에서 참여자 B는 무도회에 참석할지 묻는 질문에 "나는 현재에 만족하는 스타일이라 이런 야망이나 이상이 어릴 때부터 원래 없었다. 특별히 행복할 게 없는데 나는 항상 행복하다. 지금도 엄청 행복하다"라고 답을 하며 현실에 대한 만족감을 반복 표현한다. 현재에 대한 긍정은 「무수옹」에서 점진적으로 강화되는 특징이 확인된다. 참여자 B는 '나에게도 근심 걱정 없이 살 날이 올지' 묻는 질문에 "전적으로 그렇다. 현재 근심 걱정은 없다. 머리가 굉장히 맑고 편하다. 내 삶이 완벽한 것은 아니지만 근심 걱정이 이렇게 없어도 되나 하는 생각이 들 정도로 없다"라고 답하며 현재에 대한 만족감을 표현한다. 프로그램 종결 이전 작성한 '인생 그래프' 또한 긍정적 감정선으로만 그려지며 자신의 생에 대한 긍정적 감정만 확인되며, 작품 서사를 통해서 현재의 삶에 대해서 긍정성을 제고, 반복 표출하는 내면과 일관성을 지닌다.

4) 서사적 분기점에서 회피, 단절을 선택하는 서사

참여자 B의 긍정의 배경은 수동성, 폐쇄성을 동반하며 현재의 만족감에 대한 설득력을 떨어뜨린다. 참여자 B는 「바리공주」와 「신데렐라」의 개척, 성공 서사에 대해 적극적으로 응원한다. 「바리공주」는 부모자녀 서사를 반영하며, 「신데렐라」는 남녀 서사와 개인 사회 서사를 반영한다. 주인공의 선택과 작품 서사에 대한 강한 긍정은 관계의 화합과 자아정체성 확보에 대한 강한 긍정으로, 삶의 지향점이라고 할 수 있다. 그런데 자신의 삶에 대입했을 경우 주인공의 모험에 응하지 않으며 수동적 태도로 일관한다. 정작 자신이 약수를 구하러 떠나는 것과 무도회에 가는 것에 대해 공통적으로 "모르겠다"라고 회피한다. 오히려 「바리공주」에서 언니들처럼 약수를 구하러 떠나지 않았을 것이라는 반대 입장을 확실히 하며, 「신데렐라」에서도 언니들처럼 보석이나 옷을 사달라고 했을 것이라고 언니의 행동들에 투사하고 무도회에도 가지 않겠다고 소극적 태도를 보인다. 흐름에 동참하지 않는 태도는 관계의 단절, 자아의 소망과의 단절의 표지라 할 수 있다. 인물에 대한 대비적 표현이 두드러지며, 이는 스스로에 대한 비판적 태도로 이어지는 특징을 보인다.

서사의 길 내기를 유보하는 태도는 다음의 이유에서 기인한다. 참여자 B는 「신데렐라」에서 무도회에 가지 않는 이유에 대해서 "이상, 야망의 부재, 가진 것에 대한 만족"으로 인해 현재에 만족하기 때문이라고 한다. 또한 「무수옹」에서 "내가 해결할 수 있는 일이 하나도 없으며, 지금은 내려놓아 별로 걱정이 안 된다"라는 답변을 통해 '내려놓음', 즉 그대로의 수용이 현재의 만족감에 도달하게 했다고 답한다.

서사의 분기점에서 보이는 회피적 태도와 동반되는 현재에 대한 만족감 표출은 자아의 소망에 대한 억압적 태도로 이상과 현실의 분리를 의미할 수 있다. 강한 긍정, 즉 교과서적 답변을 하는 태도는 주체성이 결여된 타자의 시선에 의한 강박에서 비롯된 것일 수 있다. 특히 참여자 B의 행복한 이유에 대한 부연 설명에는 자신의 약점을 열거하는 특징적 서술이 확인되며, 자기실현이 아닌 자기억압의 태도가 두드러지며 행복에 대한 순수성을 잃는다. 먼저 신데렐라와 자신에 대한 대비적 정의를 통해 "현재에 만족하는 스타일"을 설명한다. "의지가 강한 사람"들과 자신을 대비적으로 표현하며 신데렐라를 "생각, 의지가 강해서 사랑을 해나갈 수 있게 한다"라고 분석한다. 어릴 때부터 야망이나 이상이 없고, "특별히 행복할 게 없는데 항상 행복한" 자신에 대한 규정적 정의는 자신이 현재 행복을 느끼는 이유를 열거하고 자신의 성격에 대한 부정적 심리를 근거로 들며 설득력을 확보하고자 한다. 의지가 강한 사람과 자신을 대비적으로 표현하며 새로운 도전을 통한 성장의 기회가 주어졌을 때 모르겠다는 도전에 대한 회피는 이상적 모델과 성공에 대한 강박, 존재적 자아의 이상과 현실 사이의 괴리감을 의심케 한다. 참여자 B의 수동성은 자신은 성격이 급해서 지혜롭게 생각하지 못하고 후회하는 것들도 많다고 말하며 비판적, 폐쇄적인 태도로 자신을 축소시킨다. 이상적 모델에 대한 강한 긍정 의지와 "나라면" 그렇게 못 할 것이라는 고정된 의식과의 분리는 「신데렐라」에서도 반복된다. "나는 성격이 급해서 지혜롭게 생각하지 못하고 후회하는 것들도 많다"라며 성공 서사와 거리를 두는 태도를 보인다. 또한 「신데렐라」의 성공 서사에 대한 답변에 남녀 서사가 아닌 사회 서사에 대한 답변만 하며 남녀 서사에 기대감이 없는 태도와 사회 서사를 지속하고자 하는 태도가 확인된다. 사회 서사인 「브레멘 음악대」에서도 참여자들 중 유일하게 관계를 지양하며 혼자 가는 것을 선택한다. 부모자녀 서사인 「엎질러진 물」에서 다시 태어나면 혼자 사는 것이 나을 것이라는 결론은 「브레멘 음악대」의 사회 서사의 관계 단절까지 초래하며 "강한, 철저한" 존재적 자아와의 충돌은 성장 의지까지 통제한 것으로 보인다.

자신을 축소시키며 진정한 자기와 단절하고 관계의 단절을 선택하는 서사는 모든 관계 서사에 적용된다. 먼저 부부 서사인 「엎질러진 물」에서 아내 역할 확대 및 남편 역할의 축소로 자기실현의 모습보다는 주위에 맞추는 태도로 나타난다. '편지글' 작성 후 "지금은 맞추려고 노력하고 있다", "가족을 힘들게 했기 때문에 의견을 수용하고 따르려고 노력하고 있다"라며 수용하는 입장을 일관적으로 드러낸다. 「신데렐라」에서 참여자 B가 자신은 무도회에 가지 않고 콩이나 주우며 (가족에게) 칭찬이나 받겠다는 소극적인 태도와 동일한 것이다. 남편에 대한 양가감정이 있지만, 자녀 서사의 지속을 위해서 남편의 강점에 집중하며 '강한, 철저한' 자아와 타협하며 자신의 역할 기대를 확장하는 태도와 연결된다. 또한 자신의 급한 성격을 반복적으로 탓하며 「무수옹」의 근심 걱정을 묻는 질문에 자신의 급한 성격으로 인해서 가족들이 안심시키려 했을 것이라고 말하며 부정적 심리를 보인다. 다음으로 원가족 서사에서 참여자 B는 현재 행복하다는 것을 반복, 강조하며 어린이집 원장을 할 생각도 없다고 말한다. 유치원을 물려받게 된다면 엄마 봉양까지 다 맡아서 해야 하는 상황이 왔을 것이라는 생각이 들었으며, 성격이 하나하나 다 짚어야 하는 깔끔한 성격이라서 고용되어서 일하는 선생님들 입장도 힘들게 할 것이라고 덧붙인다. 지금 사는 아파트도 관리하기에 편한 평수라며 만족한다고 말한다. 따라서 유치원을 받는 것은 곧 짐을 던 것일 수 있다는 생각으로 전환되어 현재는 편하다고 밝힌다. 유산에 대한 생각 전환을 통해 앞서 「신데렐라」에서 관계 속 성장의 길을 포기하는 것과 맥락을 같이하는 것이 확인된다.

4.
상처가 치유되고 긍정적 자존감으로
변화된 치유 서사

1) 참여자 C 기본 정보

- 성별: 여자
- 나이: 만 55세
- 가족사항: 남편과는 별거 끝에 최근에 합의 이혼하였으며 현재 미혼인 두 자녀와 살고 있다. 미혼인 자녀는 남매로, 아들과 딸 모두 직장 생활을 하고 있다.
- 학력: 4년제 대학 졸업
- 종교: 기독교 신자로 종교 활동을 열심히 해왔다고 진술하였다.
- 직업: 개인사업자로 현재 부동산중개업 사무소를 지인과 공동으로 운영하고 있다.
- 웰다잉 교육 경험: 웰다잉에 대해서는 친구를 통해 들어보았으나 교육을 받은 적은 없으며, 프로그램에 참여한 이유는 "어떻게 살아야 미련 없이 죽음에 이를 수 있는가?"에 대한 답을 얻기 위해서"라고 작성하였다.

2) 자신이 바리공주 서사였음을 이해하며 원인에 대한 자기 인식

참여자 C는 복에 대해 처음에는 물질적인 관점에서 복이 없는 사람이라고 말하며 자신에게 복이 20%밖에 없다고 답한다. 그러나 작품 서사를 자기 서사와 비교하면서 "삶의 전반적인 평화로움, 베풀 수 있는 인격"이 있어야 복이 있는 사람이라고 결론지으며 복에 대한 관점을 바꿈으로써 긍정성이 강화되는 모습을 보인다. 새로운 관점 제시를 통한 인식의 재구성을 통해 상황을 긍정적으로 해석하려는 일시적인 긍정 편향의 결과일 수 있다. 다만 처음에 자신의 복이 20%라고 언급했던 주요한 이유인 '실패와 상처'에 대한 성찰이 선행됨으로써 참여자 C가 진정한 복이라고 생각하는 '전반적으로 평화로운 삶'에 대한 추구가 유의미한 결과로 이어질 수 있을 것이라 예상된다.

부모 서사에서 참여자 C는 「바리공주」의 심리적 어려움과 연관되어 어머니와의 경험을 투사한다. 「바리공주」에서만 '전적으로 그렇다' 혹은 '전혀 아니다'라는 양극단의 척도를 많이 선택하며, 확고한 답변을 통해 바리공주의 부모에 대해 적극적인 비판을 하며 자신이 상처받은 마음을 투사한다. 대다수의 참여자가 왕에 대한 비판에 비해 왕비를 비판하는 태도는 구체적이지 않았는데, 참여자 C는 왕비의 행동에 대해서 "나 같으면 어떤 수를 써서라도 딸을 빼돌렸을 것이다. 왕비의 위치에 있는데 그것은 가능한 일이라고 생각한다"라고 부연 설명한다. 이는 엄마에 대한 원망이 왕비를 통해 투사된 것으로 보인다.

바리공주가 버림을 당한 문제 서사는 어린 시절 자기 서사와 동일한 것으로, 개인 서사와의 상호작용을 통한 공감은 부모에 대한

'원망과 그리움'을 묻는 질문을 통해 투사된다. 참여자 C는 어린 시절 부모로부터 상황에 대한 설명 한마디 없이 시골에 사시는 친할머니에게 맡겨지는 환경에 처했으며 엄마를 그리워하다가 원망하며 살았다. 중학교 들어가면서 엄마가 있는 집으로 돌아갔지만 그 후에도 엄마에게 다가갈 수 없었고 자신은 늘 외롭게 자랐다고 한다. 그 외로움은 "평생 해소되지 않는" 감정으로 고착되어 있다고 밝힌다. 성장을 하고 결혼해서 자녀가 있는 나이가 되었으나 힘이 없던 어린 시절의 원망이 여전히 고스란히 남아 있어 엄마와 대화를 시도하였지만 나이 드신 엄마는 그 문제에 대해서 회피하신다. "엄마에게 버려졌던 8~10살의 마음"은 부정적 에너지로 참여자 C를 괴롭히고 있는 것을 알 수 있었다.

모성애는 참여자 C가 중시하는 '이타심' 중에서도 세상의 근원적인 가치로, 이타심을 강조하는 참여자 C의 내면에는 자신이 가장 소중하게 여기는 가치인 '이타심', 즉 모성애를 주지 않은 엄마에 대한 원망, 외로움을 작품 서사를 통해 투사했다. 그리고 그 원망은 남편을 통해 자신의 존재성을 회복하고자 하는 강력한 소망으로 드러날 수 있다. 엄마와의 강제 분리로 인한 "평생 해소되지 않는 외로움"은 「신데렐라」에서 무도회에 가는 것을 두려워하는 답변을 통해 참여자 C의 남녀 서사에도 영향을 미치고 있는 것이 확인된다.

참여자 C는 「엎질러진 물」에서 '용서'를 한다면 주워 담을 수 있다는 입장을 취한다. 자신은 남편을 사랑한다고 말한다. 엄마에게 받지 못한 사랑을 남편에게 받기 원했고, 남편을 많이 의지하고 살았다. 그러나 작품 서사와 대비적으로 참여자 C의 남편은 작품 속 선비처럼 달리 생계를 위한 공부를 하지 않았을 뿐만 아니라 아내인 참여자 C의 이야기를 듣지 않아서 결국 별거를 택하였다고 말한다. 참여자 C는 남편에 대해 "나를 있는 그대로 봐주었다면 더 즐겁게 살 수 있지 않았을까?"라고 말하며 아쉬움을 표현한다. 있는 그대로 수용받지 못한 어린 시절의 경험이 남편을 통한 수용 욕구로 드러나 문제 서사 해결을 유보했을 것으로 유추된다.

남편에 대한 참여자 C의 기대는 「무수옹」의 부모자녀 서사를 통해서 깊이가 드러난다. 근심 걱정이 없는 인물을 통해 바라본 참여자 C의 근심 걱정의 우선순위는 자녀 중 특히 딸에게 집중되어 있는 것이 확인된다. 딸이 결혼이라는 제도를 통해서 "세상 기준과 연결된 안정된 틀"을 누리길 소망하였다고 말한다. 또한 "내가 못 채운 것을 딸의 결혼을 통해서 채우고 싶은 것도 있었다"라고 한다. "나는 결혼에 실패했기 때문에 딸을 통해 대리만족하려는 마음이 있었던 것 같다"라고 고백한다. 자신이 남편과 잘 살지 못했지만 자신의 딸은 결혼해서 행복하게 살기를 바라는 마음의 소망을 이야기한다.

3) 가치 중심적 태도와 상생의 서사

초자아적 존재적 특성은 정의감, 이타심으로 대표되며 문제 서사를 극복하는 동기 혹은 과잉 에너지로 발휘된다. 참여자 C의 존재적 특성은 「복 빌린 나무꾼」에서 "진실되게 살면 주변이 돕는다. 보이지 않게 연결되어 있다"라며 '진실, 연결'에 의미를 부여한다. 복의 관점에 대해서 다른 사람과 함께 잘 살고자 하는 상생에 가치를 두며 관계성 안에서 해석하는 존재적 특성을 드러낸다. 오빠로 인한 가족 내 불화를 해결하고자 쓴 편지글 또한 관계의 소통을 중시하는 신념의 실천이라 할 수 있다. 「무수옹」에서도 실제 세상에서 행복은 '가진 것'과 비례하는 것인지 묻는 질문에 전혀 가진 것이 없다 하더라도 서로 관계만 좋으면 행복하다고 하며, 부모 자식 간의 사랑과 신뢰가 있으면 행복하다고 응답하며 '사랑, 신뢰'를 중시하는 태도가 확인된다. 「아버지의 유산」에서 물질적 유산보다 정신적 유산을 중시하는 태도를 통해서도 존재적 자아의 특징이 발현된다.

가치 중심적 태도는 문제 서사 해소의 열쇠로 작용한다. 「바리공주」는 참여자 C의 존재적 특징이 잘 드러나는 서사이다. 타 참여자는 "서사가 비현실적이라서 마음에 들지 않는다", "바리공주가 부모를 살려낸 것은 잘한 것이지만 있을 수 없는 일이다", "모범을 제시하고자 하는 허구의 이야기다"라는 답변을 통해서 부모감싸기 서사와는 거리를 확보하며 지켜보는 입장에 머물고자 한다. 문학

작품을 읽으면서 작가의 세계관과 기호학적 존재들을 수용하지 않을 경우 자기 변화를 동반하는 자기성찰의 경험이 일어나는 것은 힘들다.[170] 그런데 참여자 C의 경우 '따뜻함, 진정한 사랑의 승화'의 언어 표현을 통해 이야기의 성격을 신화적인 성격으로 해석하지 않고 개인 서사의 치유적인 성격에 집중하는 특징이 보인다. 바리의 선택을 긍정하며 부모가 옆에 있는데도 부모를 원망하는 자신의 모습을 성찰하며 반성하는 모습을 보인다. 또한 "나는 정의감이 있어서 내가 했을 것이다"라고 말하며 죽음을 무릅쓰고라도 약수를 구하러 가는 것에 대해 적극성을 드러낸다. 자신이 중시하는 상생의 가치에 의미를 부여하고 자아성찰을 하는 모습을 보인다. 타 참여자들이 바리공주의 선택을 긍정하는 것에만 머물고 바리처럼 생명을 담보로 약수를 구하러 가는 행동은 하지 않겠다고 한 것과 달리 참여자 C만 유일하게 서사의 흐름에 동참한다. 바리공주의 이야기를 효행담이 아닌 정의로움, 이타적 행동으로 이해하는 것에서 부모자녀 서사에 대한 회피의 표지가 의심되나, 가치 중심적 태도로 인한 서사의 극복 의지가 발현된 것일 수 있다.

이타심은 바리공주에 이어서 남편에 대한 마음을 대표하는 언어로 다시 등장한다. 참여자 C는 남편과의 결혼에 대한 기대를 다음과 같이 밝힌다.

---

170) 황혜진, 「설화를 통한 자기성찰 방법의 실행 연구」, 『독서연구』 제17권 1호, 한국독서학회, 2007, p. 365

절대적인 한 사람에 대한 이타심은 있다. 남편에 대한 이타심이 있다. 부모에게 그런 마음을 받지 못했기 때문에 결혼하면서 남편은 내 하늘이고 내 모든 세상이었다. 그런데 그 속에서 나는 그런 사람이고 싶었는데 그게 뜻대로 되지 않았다.

남편은 "절대적인, 이타심, 내 하늘, 내 모든 세상"이며, 남편과의 결혼은 "세상 기준과 연결된 안정된 틀"에 대한 소망의 결실인 것으로 확인된다. "부모에게 그런 마음을 받지 못했기 때문"이라고 말하는 참여자 C가 받지 못한 '절대적, 이타적' 마음에 대한 결핍은 결국 남편을 통해서도 결실을 맺지 못한 것이다. 참여자 C는 새로운 곳에 가는 게 싫었다. 두려움이 있었다. "부모 집에 가서 남의집 살이하는 것 같았다"라고 말하며 어린 시절의 감정을 말한다. 고착된 부정적 심리는 「신데렐라」에서 무도회를 가지 않는 선택으로 표출된다. 부모에게 받지 못한 '이타심'을 부부 서사를 통해 해소하고자 하는 기대가 확인된다. 모성애를 주지 않은 엄마에 대한 원망, 외로움에 대해 부부 서사를 통해서 존재성의 치유를 받고자 하는 희망은 역할 기대와 부합하지 않으며 문제 서사로 작용한 것으로 유추된다.

남편이 사주, 명리 공부를 시작해서 박사과정까지 마쳤다. 시어머니 앞에 가서도 남편 칭찬을 계속 해주며 맞춰주었다. …(중략)… 나와 같이 살고자 하면 그 공부를 하면 안 되었다. 비록 학문이지만 기독교적인 사고와 달라서 서로 옳고 그름을 얘기하며 끝없이 싸우는 상황이 오게 될 거라고 예상이 든다. …(중략)… 내가 너무 사랑해서 싸우고 나서도 돌아서서는 행복해하고 그랬는데 진리가 다르면 안 되겠다는 생각이 들었다. …(중략)… 그런데 내가 생각한 가장 근본적인 문제는 남편에게 가족애가 없다는 생각이 든 것이다. …
(중략)… 가족은 제쳐놓고 자기 하고 싶은 일을 하기 위한 도전, 만족감이 먼
저라는 생각이 들었다. …(중략)… 껍데기만 붙들고 있다는 생각이 들어 끈을
놓아버렸다.

참여자 C는 진리에 대한 견해 차이와 가족애 부재에 대한 확신
은 부부의 끈을 놓게 하는 결정적 이유가 되었다고 밝힌다. 부부
갈등은 상대가 하는 일의 가치를 무시하거나, 일상적인 삶의 태도
를 비난할 때 발생할 수 있다. 관계의 지속은 배우자가 추구하는
삶의 형태, 배우자가 믿고 있는 인간으로서의 도의 등이 바로 서는
것을 지지해줄 때 가능한 것이다.[171] 그런데 참여자 C는 진리에 대
한 견해 차이로 남편의 자기 서사를 존중할 의사가 없으며 남편 또
한 아내의 의견에 따를 의사가 전무하므로 부부관계 지속을 할 수
없고 종결의 방향을 향한다. 또한 결정적으로 남편의 가족애에 대
한 결핍은 참여자 C의 이타심을 좌절시켜 부부관계를 지속하고자
하는 마지막 희망을 내려놓기에 충분했을 거라고 유추된다.

남편이 나를 누르고 못 하게 하는 것이 너무 심했다. 그게 항상 불만이었는
데 떨어져서 생각해보니 내가 너무 힘들었다는 생각이 든다. 내가 즉흥적이
고 저돌적으로 진행하는 일들이 있어서 힘들었을 거라는 생각이 든다. 그래
서 남편이 나를 감당을 못 하고 누르기만 했다는 생각이 든다. 나를 있는 그
대로 봐주었다면 더 즐겁게 살 수 있지 않았을까 하는 생각이 든다. 남편이

---

171) 김수연, 「운영의 자살심리와 〈운영전〉의 치유적 텍스트로서의 가능성에 대한 시론」, 『한국고전연
구』 제21권 21호, 한국고전연구학회, 2010, pp. 233-272

자기 틀에 맞추기를 원했고 그래서 내가 맞추고 살았다. 내 기량을 발휘하려면 일찍 나왔어야 했다. 내 장점을 살리지 못하고 누르고 살았다는 생각이 든다. 부동산 일도 잘한다고 했으면 내가 적극적으로 해보려 했을 것이다. …(중략)… 지내면서 또 적응을 했냈지만, 부동산에 눈을 못 뜬 상황이었다. …(중략)… 남편이 속마음을 다 감추고 내가 싫어하는 방식인 '속 다르고 겉 다른 방식'으로 일을 권했다. '이거 하라'라는 방식으로 대했고 그 방식이 안 맞았다.

자기 서사는 단순하게 도식화할 수 없는, 유기적이고 구조적인 것으로 자기 서사의 존재적 특성은 관계 형성의 기저에 작동해 관계의 지속성에 관여한다. 참여자 C는 서사를 통해 이타심, 보이지 않는 것의 연결성 등의 가치를 중시하는 초자아적인 존재적 특성을 드러냈다. 초자아적 존재적 특성은 절대성을 내포하는 것으로, 자신이 우선하는 가치에 대해서는 타협이 힘들다는 특성을 내포한다. 절대성은 자신의 신념과 맞물려 작용하여 존재적 특성이 완성되지 않은 단계에서는 상대를 자신의 기준에서 평가하는 과정으로 진행될 가능성이 내재되어 있다.

4) 서사에 대한 공감과 자기 서사 변화 의지 강화

대부분의 설화에서 참여자 C는 긍정적인 시각으로 상황과 캐릭터를 분석하는 태도를 보였으며, 이는 능동적 답변으로 이어졌다.

이는 참여자 C의 존재적 특성으로 유추된다. 존재적 특성은 한 인간이 자신의 존재로서 가지고 있는 서사적 특성으로 연결된다. 또한 참여자 C는 프로그램이 진행되는 내내 자기 서사에 대해서 정직하게 표현했다. 자신의 위기 경험을 솔직하게 수용하고 자신의 삶에 대한 재조명을 통해 삶의 구조를 재조정해가는 개방적인 대처는 중년의 위기를 해결해가는 중요한 요소이다.[172] 참여자 C의 개방성향은 작품 서사를 통한 자기수용 경험이 주요하게 작용한 것으로 볼 수 있을 것이다.[173] 문제 서사의 노출과 그 에너지를 그대로 수용받는 경험은 좀 더 변화하고자 하는 자신을 긍정하는 힘으로 발휘되었을 것으로 예상된다.

그런데 참여자 C는 유일하게 「신데렐라」에서만 소극적인 표현을 하는 태도를 보인다. 낮은 자존감으로 인해 무도회에 가지 않을 것이라는 소극적 태도는 집 밖을 벗어난 사회 서사에서는 찾아볼 수가 없다. 관계와 소통에 대한 적극성 관련 서사에 따른 차이는 「브레멘 음악대」를 통해서 확인된다. 참여자 C는 '내가 저 일행에 들어갔다면 네 명 중 (   )번째로 들어갔을 것이다' 질문에서 참여자 중 유일하게 첫 번째로 들어갔을 것이라고 답한다. "잘 모을 수도 있고, 의기투합할 수 있고, 그들의 처지를 잘 헤아릴 수 있어

---

172) 김애순, 「중년의 위기감(3): 개방성향과 직업, 결혼, 자녀관계가 중년기 위기감에 미치는 영향」, 『한국노년학』 제13권 2호, 한국노년학회, 1993, p. 10
173) 로저스는 비행 청소년들의 부모를 상담하는 과정에서 전문가로서 견해를 주어도 부모들이 그러한 이야기를 듣기보다는 자신이 경험하는 어려움을 충분히 들어주기를 원한다는 것을 접하게 되었다고 언급한 바 있다.

서… 나는 먼저 손을 드는 편이다. 용기가 있는 편이다. 불쌍한 처지에 있는 사람을 보면 언제나 누구든지 도와주고 싶다. 그래서 안타까운 처지에 있는 동물들도 도와주고 싶다"라고 부연 설명한다. 능동적인 면모는 「무수옹」의 문제 서사를 해결하는 태도에서도 확인된다.

> 내 신조는 최악의 순간에 최선을 다하는 것이다. 그래서 신조대로 잃어버린 구슬과 비슷한 것이 있는지 찾아도 볼 것이고, 강가 주변을 서성이며 혹시나 있는지 할 수 있는 것을 해볼 것이다. 근심 걱정을 계속하면서 지내는 것이 힘들어서 사실을 성토하기 위해서 기다리지 못하고 내가 먼저 임금님을 찾아갈 수도 있다.

「무수옹」에서 근심 걱정에 대해 "남에게 의지하지 않는다, 내 책임이다, 내 문제다"라고 말하며 가족에게 의지하지 않는 태도 또한 어린 시절의 분리 경험과 부부 서사의 실패로 인한 책임감으로 유추된다. 참여자 C의 가족, 부부 서사 및 사회 서사의 능동성은 차이를 보이며 사회 서사에서 보이는 능동성이 존재적 자아의 발현인 것을 알 수 있다.

문학치료는 작품 서사를 활용하여 내담자의 건강하지 못하고 역기능적인 자기 서사를 변화시키는 데 목표가 있다. 정운채[174]는 자기 서사의 변화가 작품 서사를 비롯한 다른 서사의 영향으로 자기

---

174) 정운채, 「자기 서사의 변화 과정과 공감 및 감동의 원리로서의 서사의 공명」, 『문학치료연구』 제25권, 한국문학치료학회, 2012, pp. 369-370

서사의 보충과 강화와 통합이 일어나는 것이라고 했다. 자기 서사와 작품 서사의 일치는 자기 서사의 공명으로 이어져 이 공명 현상을 체험하는 동안 공감을 하게 될 뿐만 아니라 감동에 이를 수 있다.[175] 「바리공주」의 버려진 서사를 통해 '원망, 그리움, 외로움'을 털어놓는 과정은 개인 서사를 객관화하는 계기를 제공한 것으로 보인다. 「바리공주」를 통해서 보인 자기성찰은 「신데렐라」를 통해서 '소통, 위로'에 대한 소망을 투사하며 구체화되는 것이 확인된다. 참여자 C는 여러 설화 중 「신데렐라」 이야기가 가장 마음에 들었다고 하였다. 「신데렐라」 이야기는 참여자 C가 유일하게 소극적이고 위축된 태도를 보인 설화지만 엄마의 무덤가에서 신데렐라가 소통하고 성장해가는 모습이 참여자에게 감동을 불러일으킨 것으로 보인다. 자기 서사와 작품 서사가 불일치할 경우 서사에 대한 공감에 역기능으로 작용할 수도 있다. 그러나 참여자 C에게 작품 서사와 자기 서사의 불일치는 서사의 분기점으로 작용해 성찰의 계기를 제공한 것으로 보인다.[176] 참여자 C는 「신데렐라」에서 "난 큰 사람이 되고 싶은데 마음이 작다는 생각이 든다", "주어진 것에서 차근차근 다지면서 살고자 한다. 더 이상 나빠지지만 않으면 되니

---

175) 정운채, 「문학치료학의 서사이론」, 문학과치료, 2015, p. 117

176) 정운채, 「문학치료학의 서사이론」, 문학과치료, 2015, p. 113면. 자기 서사의 변화는 서사의 분기점에서 이제까지와는 다른 갈림길을 선택함으로써 시작된다고 할 수 있다. 그러나 서사의 분기점에서 이제까지와는 다른 갈림길을 선택하는 것이 그리 쉬운 일은 아니다. 자기 서사의 변화는 서사의 길 내기로 이어져야 공고해질 수 있다. 그리고 이렇게 얻어진 새로운 서사는 기왕이 자기 서사를 보충하고 강화하고 통합하는 기능을 수행함으로써 실제적인 자기 서사의 변화를 완성한다고 보아야 할 것이다.

까…"라고 언급한다. 간극으로 인해 역동이 일어나기 어려운 순간에 긍정성을 발휘해 서사 접속능력으로 이어진다.[177] 이는 자아성찰과 방향 설정을 통해 순기능하는 계기로 작용할 수 있다.

「신데렐라」의 감정의 발산은 「무수옹」의 이상적 가족 모델을 통해서 가족 서사와 스스로를 성찰하는 계기를 제공한다. 참여자 C는 "세상 기준과 연결된 안정된 틀"을 자녀들에게도 대입해 교육하려고 했다며 자신의 양육 태도를 반성하며 성찰한다. 참여자 C는 중년의 시기로, 중년의 과업인 자녀의 취업과 결혼을 앞두고 있는 시기이다. 자녀와 서로의 역할에 대한 기대감의 차이로 정서적 혼란과 분열을 경험할 수 있는 시기에 놓여 있다. 에릭슨은 자녀를 자기 것으로 소유하려고만 하고 다음 세대를 위한 마음으로 사랑하지 못할 때 부모는 침체성에 빠진다고 언급하였다.[178] 가족 내 가치의 충돌과 작품 서사에 대한 공감의 과정은 가치 충돌과 내적 역동을 거치며 자신의 서사를 객관화하는 계기를 제공한 것으로 보인다.

---

177) 정운채, 「프랭스의 서사이론과 문학치료학의 서사이론」, 『문학치료연구』 제17권, 한국문학치료학회, 2010, p. 201면. 문학치료학에서는 건강한 자기 서사로의 변화를 가능하게 하는 요인으로서 '서사 접속능력'을 제시한다. 서사 접속능력은 한 개인의 자기 서사가 용납하기 힘든 서사를 구성해내는 능력, 즉 다른 사람의 자기 서사에 접속할 수 있는 능력이다. 이러한 정의만으로 본다면 자기 서사의 수용성을 지칭하는 것으로 보이지만 문학치료학이 현실의 사건이나 상황에도 그 나름의 서사가 있다고 가정한다는 점에서 상황에 따라 적절한 서사를 구현할 수 있는 자기 서사의 유연성도 포함하는 개념이라고 할 수 있다. '서사 접속능력'이란 자기 서사와 다른 성격의 서사를 수용할 수 있는 능력과 상황에 따라 유연하게 필요한 서사를 바꾸어 구현할 수 있는 능력을 의미한다고 풀이된다.

178) Erik H.Erikson 지음, 송제훈 옮김, 『CHILDHOOD AND SOCIETY』, 연암서가, 2014, p. 266

제7장

죽음 인식의 변화

1.
중년기 참여자들의 자기 서사와 죽음 인식 변화

본 프로그램의 실행을 통해 나타난 성인 중기 참여자 3명의 자기 서사 변화와 죽음 인식 변화를 서술하고자 한다. 먼저 참여자들의 자기 서사 이해 변화 과정을 살펴보고, 프로그램의 진행 과정에 따른 죽음 인식 변화 과정을 살펴보고자 한다.

첫째, 참여자들 모두 프로그램을 참여하면서 전반부에 자기 서사를 발견하고 중반부를 거치며 다양한 자기 문제를 직면하고 성찰하면서 서사의 변화 가능성이 축적되었으며 후반부에 이르러서는 문제 서사의 해결 가능성으로 나아가는 것을 확인할 수 있었다.

참여자 A는 프로그램에 참여하기 전까지는 자신의 당위성을 내세우며 딸들에게 미안한 마음이 없었으나 본 프로그램에 참여하면서 2강 전개 2 「엎질러진 물」을 통해 부부관계에 대해 성찰하고, 이어진 전개 3 '편지 쓰기' 활동에서 딸들에게 편지 쓰기를 하면서 딸들의 입장에서 마음을 이해하게 된다. 그리고 「아버지의 유산」에서 설화의 내용을 통해 죽음을 직면하고, 전개 3에서 이어진 활동 '유언장 작성하기'에서 다시 자신의 딸들에게 남기는 말을 작성하면서 자녀들에게 물려주고 싶은 정신적 유산을 성찰하게 된다. 설화

「아버지의 유산」에서 나눈 작품 서사와 자신의 서사를 이해하게 되고, '유언장 작성하기'를 통해 강화하고 통합하는 단계로 나가게 된다.

죽음 앞에 이른 자신의 입장에서 무엇이 중요한지에 대해 참여자 A는 자신의 존재적 서사와 관계적 서사를 돌아보며 자신의 정체성을 확인하며 삶의 존재적 이유를 재구성하는 것으로 보인다.

3강 「바리공주」에서 처음에는 딸을 버린 아버지가 무조건 나쁘다고 MMSS 질문지를 작성했으나, 전개 2에서 「바리공주」에 대한 이야기를 더 집중적으로 나누면서 입장이 바뀌게 된다. 왕에게 투사가 되어 아버지의 입장에서 사회적 지위 때문에 어쩔 수 없이 딸을 버렸다고 해석한다. 자신도 주체적인 삶을 선택하기 위해 딸들에게 상처를 준 사실을 정당화하고자 한다.

또한 바리공주를 자신의 딸들과 동일시하며 버림받아 고난이 많았지만 그 희생과 고난이 바리공주를 성장하게 했다고 긍정적으로 해석한다. 자신의 딸들도 바리공주처럼 아버지로 인해 어쩔 수 없는 어려움을 당하고 있지만 긍정적인 사회 서사를 가진 사람들로 성장하길 바라는 소망과 기대를 나타냈는데, 이는 바리공주가 아버지를 위해 구약 과정을 거쳐 아버지를 살리는 약을 구해온 것처럼 딸들과의 부모 자녀 관계가 긍정적으로 변화될 것을 기대하는 서사라고 할 수 있다. 이러한 설화 활동의 서사적 반응은 이어진 활동 '죽음 연상 단어' 작성 전후로 죽음에 대해 변화된 인식을 보여준다. 사전 검사에서는 죽음에 대해 "이별, 끝, 사고" 등의 부정적인 것으로 표현하였으나, 사후 검사에서는 "고결, 화해, 용서, 희생, 운명"을 표현한다. 이는 설화적 서사 반응이 영향을 준 것으로, 서사적 이해와 죽음 인식이 강화되고 통합된 것을 확인할 수 있다.

참여자 B는 2강 「복 빌린 나무꾼」에서 전개 2 작품 서사를 통한 질문과 이야기 나눔에서 강한 자기애적 성향을 보여주며 질문의 답에도 피상적이며 진술하지 않은 답을 보여준다. 겉으로 드러난 대답과 숨은 서사의 거리감을 느끼게 하였다. 이어진 활동 '인생 그래프 그리기'에서도 모든 그래프를 긍정을 나타내는 그래프 위쪽에 그렸다. 이는 일반적이 아닌 독특한 현상으로, 「복 빌린 나무꾼」에서 보여준 자신의 속내와 다른 모습에 대해 의식적으로 판단하고 평가하는 느낌을 더 강화하는 효과를 보여준 것이다.

참여자 B는 '인생 그래프'에 인생의 부정적인 모습이 하나도 없고 평생 행복했던 인생이라고 표현했는데, 이는 오히려 표현하지 않은 부정적인 부분에 대한 참여자 B의 무의식적 서사 반응을 나타내는 그림자라고 할 수 있다. 숨어 있는 그림자가 드러난 것이다. 정말 늘 행복한 인생이었기 때문에 '인생 그래프'에서 긍정적인 위쪽에만 있었던 것이라고 보기에는 오히려 복잡해 보이는 서사적 반응이라고 볼 수 있다.

3강 「엎질러진 물」에서는 남편에 대해 불만족한 것이 많이 있었으나 많은 부분 이해하는 태도를 보인다. 이어진 활동 '편지 쓰기'에서는 설화의 작품 서사의 반응을 통해 나타난 자기 서사가 보충되고 통합되는 것을 확인할 수 있었다. '편지 쓰기'에서는 자신의 큰딸에게 편지를 쓰는데 설화를 나눌 때는 전혀 언급하지 않았던, 자신이 용서를 구하고 싶은 사람은 자신의 자녀들이며 과거에 자녀들이 어렸을 때 자신이 잘못한 행동에 대하여 용서를 구할 것을 성찰한다. 딸에게 편지 쓴 내용은 오히려 전개 2의 설화에서 확인된 관계 서사를 더 보충하는 것으로 확인되었다.

'편지 쓰기'를 한 후 그 내용을 읽으면서 부연 설명을 하였다. 자신의 딸들이 어려서 어린이집을 보낼 때 아이들이 어린이집에 가지 않으려고 발버둥을 치며 울었는데, 자신은 아이들 입장에서 달래거나 좋은 말로 설득하지 않고 혼내며 억지로 어린이집에 보냈다는 것이다. 그러면서 자신이 만들어놓은 잣대나 원리원칙대로 아이들이나 남편을 대하고 살아왔음이 인제야 인식되었다며 반성과 아픔의 눈물을 흘리면서 말했다. 이는 설화로 이야기를 나눌 때는 확인되지 않았던 자신의 문제 서사가 웰다잉 활동으로 확인된 것으로, 설화를 보충 보완하는 상호작용을 한 것이라고 볼 수 있다.

참여자 B는 또한 「무수옹」에서도 부모와 자녀 관계에서 부모 영향의 중요성을 강조하며 부모로서 역할 기대 신념을 통해 자녀에 대한 높은 애정을 드러낸다. 이어진 전개 3 '사전연명의료의향서' 설명 및 작성하는 활동은 「무수옹」을 통해 확인된 자녀를 위하는 부모자녀 서사가 강화되고 통합된 결과라고 할 수 있다. 「무수옹」에서 자녀들이 서로 아버지를 모셔 가려는 이유에 대해서 아버지의 밝은 성격 때문일 것이라고 말하였으며, TV에서 시청한 '인간극장'의 예화를 들며 가난한 집안이지만 부모로 인해 가족 내 만들어지는 밝은 분위기에 감동하였다는 것을 구체적으로 표현한다. 참여자 B는 성인이 된 자녀들에 대해서 "자식들과 벽이 있었다면 허물어야 한다. 전부 성인이니 잔소리보다는 얘기를 들어주고 동조해서 더욱 가까워지려고 한다"라고 말하며 남편의 존재보다는 자녀들과의 관계를 중요시하는 부모자녀 서사를 드러냈다.

이어진 활동으로 사전연명의료의향서를 작성하는 이유에 대해서는, 자녀들이 힘들어하지 않도록 내가 미리 작성해야 한다며 사전연명의료의향서를 작성하였다. 설화 「무수옹」의 부모 책임이나 행동에 대해 전개 3 활동을 통해 더 강화되는 결과를 확인하였다. 곧 자신이 살아가는 많은 이유 중 자녀들에 대한 애착과 책임감이 작용한 것으로 보인다. 이는 사전연명의료의향서를 작성한 동기 연구에서 자신의 죽음 준비를 하는 이유가 '자식들을 위해서', '자식들 고생시키고 싶지 않아서', '자식들에게 의료비 부담을 주고 싶지 않아서'인 경우와도 일치하는 것이다.[179] 자식들을 무엇보다 우선시하는 중년기 엄마의 특성을 보이는 것이다.

7강 「아버지의 유산」에서는 유산과 관련하여 엄마와의 문제 서사가 발견되나 가족의 소중함을 깨닫게 되는 계기가 된다. 이어진 웰다잉 활동 '유언장 작성하기'에서는 남편에 대한 원망이 풀리고 관계가 재조명되면서 강화되고 통합된다. 3강 '편지 쓰기'에서 보여준 자기성찰과 반성이 '유언장 작성'에서는 구체화된다. "생각과 행동들

---

179) 장경희, 강경희, 김두리 외, 「사전연명의료의향서 작성 동기에 관한 연구」, 『한국산학기술학회논문지』 제20권, 한국산학기술학회, 2019, p. 243

이 매우 달라서 무던히 힘들었는데… 당신의 따뜻한 마음만큼은 알고 있었어. 고맙다고 이야기해주지 못해서 미안하고 고마웠어"라며 평소에 표현하지 못했던 감정들을 남편에게 표현하고, 자신으로 인해 그동안 남편과 아이들이 힘들어했음을 인식하게 되는 자기 서사에 대한 새로운 인식이 반영된 유언장이라고 할 수 있다.

참여자 B의 아버지가 돌아가시면서 발생한 유산 관련 갈등이 있는 친정엄마와의 문제 서사가 '유언장 작성'에서 자신의 자녀들에게는 "남은 재산과 현금은 똑같이 나누기 바란다"라며 자신의 서사가 드러났고, "80세가 넘었을 때 딸에게 필요한 물건은 주고 싶다"라며 남긴 글은 80대인 지금도 딸을 통제하려는 참여자 B의 엄마와 똑같은 태도를 보였다. 그러나 9강 '버킷리스트'에서 「브레멘 음악대」 설화 작품을 통해 남은 삶의 의지를 다지게 되며, 전개 3으로 이어진 웰다잉 활동 '버킷리스트' 작성에서 긍정적인 삶의 해결 의지가 강화되고 통합되었다. 유산 문제로 연락도 안 하고 지내던 엄마와의 문제 서사에서 엄마와의 화해의 의지로 나가는 서사의 변화를 확인하였다. '버킷리스트' 작성을 통해 다시 엄마랑 여행 갈 마음을 먹었고 잘 지내야겠다는 긍정적인 의지를 드러냈다.

참여자 C는 4강 「바리공주」에서 작품 서사를 나누면서 자신의 문제의 원인을 확인하게 되고 직면하게 된다. 그리고 이어지는 활동 '죽음 연상 단어 작성'에서는 사전 사후 조사에서 화합의 에너지를 구체화하며 작품 서사의 성찰을 강화하는 것을 확인할 수 있었다. 「바리공주」의 버림받은 서사는 어린 날 상처 안에 웅크리고 있었던 자신을 직면하고 그 마음을 충분히 알아주었다. 그리고 그 상처는 어린 날의 것이었으며 자신은 이미 성장해서 그것을 극복할 수 있음을 인식하게 된 것이다. 엄마도 그 당시 어쩔 수 없는 선택이었다는 것을 이해하고자 했다. 엄마도 고향을 떠나 도시로 나가면서 아이들을 다 데리고 키울 수 없었음을 엄마의 관점에서 이해하려고 했다. 그동안 엄마에 대해서 냉소적으로 대해왔지만 본 프로그램을 통해 엄마와 화해 하기 시작했고 얼마 남지 않은 세월 후회가 되지 않도록 엄마에게 잘하려고 노력해야겠다는 자기반성과 성찰이 이어졌다.

참여자 C는 8강 「무수옹」에서 남편보다는 자녀들과의 관계를 우선하고 있는 자녀 서사가 확인된다. 그리고 이어진 활동인 사전연명의료의향서 작성도 자신의 편안한 임종을 위해서이지만 자녀들을 위해 작성하고자 하는, 자녀를 위하는 부모자녀 서사가 강화되는 것이 확인된다. 자신은 다른 걱정은 안 하고 살려고 하지만 자녀들에 대한 걱정이 늘 있다고 말하였다. 참여자 C는 남편과 별거를 하고 있었으나 아이들 결혼시키기 전에는 이혼하지 않으려고 했다. 그러나 최근 별거하여 사는 남편의 채무가 더 늘어나면서 참여자 C의 안전과 재산에도 손실을 끼칠 수 있다고 생각되어 서류상으로 이혼을 할 수밖에 없었다. 그러나 자녀들이 혹시라도 부모의 이혼으로 인해 받게 될 사회적 시선에 대해 걱정하며 알려지는 것에 대해 조심하고 있으며 다른 사람들에게는 이혼 사실을 말하고 싶지 않다고 했다.

부모의 성숙한 양육 태도는 성인이 된 자녀의 성공적 독립을 뒷받침한다. 참여자들의 부부 서사의 지속은 가족 서사의 지속, 특히 자녀들을 위한 선택으로 확인되며, 자녀들에게 좋은 정신적 가치를 남겨주려고 한다. 현재 중년의 시기인 참여자들은 자신의 자녀에게는 부모이며, 부모에게는 아직도 자녀인 시기로 자녀와의 관계와 부모와의 관계로 인한 갈등이 있고 자신의 정체성을 찾고자 하는 존재 서사를 지향하는 것으로 보인다.

둘째, 자기 자신을 위한 주체적 삶과 생산적인 사회 서사로 인해 긍정적인 미래 의지로 나아가는 사회 서사가 강화되는 특징을 보였다. 발달심리학에서 인생의 중년은 생애주기에서 가장 많은 기간을 포함하는 시기이며 생산성과 관련된 시기라고 하였다. 그 생산성은 본질에서 다음 세대를 일으키고 이끄는 일에 관한 관심이라고 할 수 있는데, 돌봄과 관련이 있다.[180] 생산성은 자신이 종사하고 있는 분야에 관하여 관심을 가지는 것이며, 자신이 하는 일을 통하여 이웃과 사회에 좋은 영향을 끼치는 것이다. 성숙한 인간은 누군가에게 필요한 존재가 되어야 하며 가족과 이웃을 책임으로 돌본다는 것은 긍정적인 중년기의 성장을 생산성으로 표현한 것이다. 이렇게 중년기가 생산성으로 표현되는 것은 전 단계들의 긍정적인 과정의 결과라 할 수 있다.[181]

---

180) Erik H.Erikson 지음, 송제훈 옮김, 『CHILDHOOD AND SOCIETY』, 연암서가, 2014, p. 326
181) 임경수, 『죽음 불안과 발달 심리』, 계명대학교출판부, 2015, p. 247

참여자 A는 모든 경제적인 권한을 아내가 가지고 있고 자신은 돈 버는 기계처럼 일만 하고 살았다는 문제의 갈등으로 시작되어 주체적인 자신의 존재성을 찾고자 집을 나와 별거를 하는 상황이다. 자신의 노후 준비를 해서 경제적으로 편안하고 주체적으로 사는 삶을 소망했다. 그러나 딸들과도 연락하지 못하는 상황이고 혼자 숙소에서 지내다 보니 인간적인 외로움이 있었고 과연 잘하고 있는 것인가 고민을 한 적도 있다. 그러나 컴퓨터 프로그래머로서 공기업이나 대기업의 프로젝트를 맡아서 일하면서 직장에서 자신의 능력을 인정받게 되고 팀워크가 잘 이루어지다 보니 건강한 사회 서사가 발현되었다. 비록 가정적인 어려움을 가지고 있으나 성공적인 사회 서사로 인해 자신에 대한 자부심이 증가하고 일에 대한 성취감이 높아졌다.

참여자 B 역시 유치원 보육교사로서 오전에는 집안일을 하며 자전거를 타는 등 자신의 취미와 건강을 위한 시간을 보내고 유치원에는 오후에 출근해서 저녁까지 근무한다. 남편은 퇴직하고 집에서 지내고 아들도 직장을 다녀서 양육 시기가 지났기 때문에 시간적 여유가 많아지자 참여자 B도 안정적인 직장으로서 유치원 보육교사를 계속하고 있다. 자신의 직업에 대해 만족감을 나타냈으며 건강이 허락하는 한 오래 이 일을 계속하고 싶다고 했다. 참여자 C도 그동안 남편과의 갈등으로 어려움을 겪었지만, 자신이 공인중개사 자격증 공부를 하여 자격증을 따고 공인중개사로서 전문성을 발휘하며 경제적인 안정과 자아실현을 하게 된 것에 만족해했다. 이는 건강한 성인 중기의 바람직한 모습으로 보인다. 사회 심리 적으로 건강한 중년이라면 생산성에 관한 관심을 가지기 때문이 다.[182]

인생의 중턱인 중년기에 가지는 심리 사회적인 양식은 돌보는 것 이다.[183] 또한 존재에 대한 서사에서 인간관계가 갖는 중요성을 인식하면서도 독립적 존재이자 삶의 주체로서 자기 자신에 얽힌 문제들에 주목할 필요가 있다.[184]

중년에 나타나는 개인적 자기의식은 중년의 정서적 위기, 개별화 과정, 결혼 불만족도에 영향을 주는데 개인적 자기의식, 대중적 자기의식, 사회적 불안과 상호작용하여 중년의 위기감을 증가 또는 감소시키고 있다.[185] 참여자 A, B, C 모두 자신이 하는 일에 대해서 성취감이 크고 보람을 느끼며 자신의 존재감을 확인하고 있었다. 결혼, 직업 등 일차적 사회체계 내에서 개인이 개입되어온 역할이 자신의 기질이나 성향과 어느 정도 조화를 이루는지, 그리고 그 역할에서 얼마나 만족감을 느끼는지에 따라 중년기 위기감에 영향을 받을 수 있다. 가정에서 해결되지 않은 문제 서사가 다소 있어도 참여자들은 설화를 통해 자기 삶의 전반적인 검토를 함으

---

182) 임경수, 위의 책, p. 248

183) 임경수, 위의 책, p. 249

184) 신동흔, 「문학치료를 위한 서사 분석요소와 체계 연구」, 『문학치료연구』 제49집, 한국문학치료학회, 2018, p. 14

185) 최태산, 박혜경, 「중년남성이 지각한 자기의식과 성역할 스트레스가 중년의 위기에 미치는 영향」, 『상담학연구』 12권, 한국상담학회, 2011, p. 931

로써 긍정적인 미래 의지를 다지며 건강한 사회 서사로 나아가는 서사적 변화를 보였다.

셋째, 죽음 불안 감소와 죽음 인식이 긍정적으로 변화되었다. 죽음 불안과 같은 부정적 감정은 교육을 통해 죽음에 대한 지식을 습득하면서 점차 감소하므로 죽음 준비 교육은 성인 중기에 가장 중요하고도 필수적인 교육이다.[186]

참여자 A, B, C 모두에게 죽음 불안이 감소하였고, 죽음 인식이 긍정적으로 변화되었다. 참여자 A는 프로그램을 시작하며 조사한 죽음 불안 척도 사전 검사에서 죽음에 대해 생각하는 것을 회피하고 멀리하였다고 하였으나 프로그램을 통해 죽음에 대해 진지하게 생각해볼 기회를 가질 수 있었다고 하였다. 「바리공주」 이야기를 나누면서 사전 사후 검사로 진행된 '죽음 연상 단어'에서 설화에서 확인된 서사적 반응이 강화되는 결과를 보였다. 사전 연상어는 죽음을 개인적 사건으로 한정해서 해석한 단어였지만 사후 연상어는 "화해, 용서" 등의 단어를 통해 관계성까지 고려해서 포괄하는 특성을 보였다. 마지막으로 "이별, 사고" 등의 부정적인 심리의 표지 대신 긍정적인 개념인 "고결, 화해, 용서" 등의 단어로 치환된 것을 확인할 수 있었다.

사후 검사에서 보이는 "운명, 희생"은 바리공주 작품 서사에서 반복적으로 서술한 단어로, 바리의 작품 서사를 통해 죽음에 대

---

186) 길태영, 「베이비붐 세대 대상 죽음 준비 교육 프로그램의 효과성 검증」, 『미래사회복지연구』 제8권, 2017, p. 89

해 재성찰함으로써 새로운 죽음 인식에 대한 변화의 길 내기를 한 것으로 보인다.

죽음 불안 사전 사후 검사를 통해서 본 죽음 불안 결과는 참여자 A, B, C 모두에게 죽음 불안이 낮아지는 유의미한 변화가 있었다. 죽음 불안이 높을수록 점수가 높은데, 참여자 A는 사전 검사 총점 51점으로 죽음 불안이 매우 높았으나 사후 검사 총점은 35점으로 16점이 낮아졌다. 죽음에 대한 인지, 정서적 반응에서 7점이 낮아졌고, 시간의 흐름이 빠름에서 오는 불안이 7점이 낮아졌으며, 신체적 변화에 대한 불안에서 오는 죽음 불안이 2점 낮아진 것을 확인하였다.

참여자 B의 죽음 불안 척도 사전 사후를 비교해보면 죽음에 대한 인지 및 정서적 반응, 시간의 흐름이 빠름에서 오는 불안, 신체적 변화에 대한 불안 등 전반적으로 죽음 인식에 긍정적인 변화를 보였다.

참여자 B는 죽음 불안 사전 사후 검사에서 유의미한 긍정적 변화가 있었다. 사전 검사 총점 37점에서 사후 검사 27점으로 10점 낮아졌다. 죽음에 대한 인지, 정서적 반응에서 5점 낮아졌고, 시간의 흐름이 빠름에서 오는 불안이 4점 낮아졌으며, 신체적 변화에 대한 불안은 1점 낮아졌다.

참여자 C는 「바리공주」 작품 서사 진행 전후로 진행된 '죽음 연상 단어 작성'에서 죽음 인식이 강화되고 통합되었다고 유추된다. 사전 사후 공통으로 죽음에 대한 감정적, 부정적 단어는 보이지 않는다. 그리고 사전, 사후 조사에서 공통되게 "천국"이라는 단어를 사용하며 개인의 종교적 신념이 죽음과 연결된 것을 알 수 있다. 또한 사전 조사에서 "미련과 아쉬움, 모든 감정이 닫힘, 평가"의 단어는 사후 조사에서 "용서, 화해"라는 단어로 변화되어 전개되는 것이 두드러지는데, 이는 단절과 폐쇄적인 에너지에서 화합과 개방적인 에너지로의 전개라 해석할 수 있다. '죽음'의 의미에 대한 확장은 사전, 사후 사이에 진행된 「바리데기」 작품 서사에서 확인된 죽음 인식이 더 강화되고 통합됨을 알 수 있다.

참여자 C는 「바리공주」 작품 서사 진행 중 자신에게 있어 '죽음'이라는 의미는 "생의 마감, 천국 길로 향하는 것, 모든 친구와 부모, 자식과의 이별"이라고 답하였고 이어진 바리공주에게 있어 '죽음'이라는 의미에 관한 서술에는 "사명이 있으면 어떤 일도 불사할 수 있는 것, 부모에 대한 사랑의 승화"로 표현하였다. 결과적으로 바리공주 작품 서사는 참여자에게 죽음의 의미에 대해 재해석을 하는 계기를 제공함으로써 죽음을 생사의 문제를 넘어선 가치, 즉 사후 조사에서 작성한 "용서, 화해"를 내포하는 가치로 확장된 것으로 해석된다.

참여자 C는 죽음 불안 척도 사전 검사 총점 39에서 사후 검사 27점으로 12점 낮아졌다. 죽음 불안은 점수가 높을수록 불안함을 나타낸 것이다. 죽음에 대한 인지, 정서적 반응에서 8점 낮아졌고, 시간의 흐름이 빠름에서 오는 불안이 4점 낮아졌으며, 신체적 변화에 대한 불안은 변화가 없는 것으로 확인되었다. 따라서 본 설화를 활용한 웰다잉 교육 프로그램이 참여자 중년기의 죽음 불안을 낮추는 효과가 있음을 확인하였다.

이는 죽음 불안이 성인 중기의 의미 있는 삶에 중요한 요소로서 죽음 불안은 중년기 성인의 삶의 의미와 노화 불안과의 관계에서 매개 효과가 있다는 홍혜영의 연구와 중년여성의 죽음에 대한 태도와 삶의 의미의 긍정성에 대한 정영미의 연구와도 일치하는 것으로, 죽음에 대해 고찰을 할 수 있는 정신건강 증진 프로그램이 필요하다는 결과와도 부합하는 것이다.[187]

중년기를 지나 노화를 앞둔 시점의 중년기에 남자 집단이 여자 집단보다 노화 불안에 더 큰 영향을 주었다고 하였다.[188] 그러므로 중년기를 맞이한 성인 중기 50대에게 웰다잉 교육은 노화 불안을 감소시켜 노년의 삶의 질을 높이므로 앞으로 노년을 준비하기 위한 웰다잉 교육이 필요하며, 특히 평생교육으로서 삶의 질 향상 기회를 남자들에게 지속해서 제공하여야 할 필요성이 요구된다.

---

187) 정영미, 「중년여성의 죽음에 대한 인식 영향요인」, 『성인간호학회학술대회』, 한국성인간호학회, 2013, p. 121

188) 홍혜영, 「중년기 성인의 삶의 의미와 노화불안 관계: 생성감과 죽음 불안의 매개효과」, 명지대학교 사회교육대학원, 2020, p. 74

2.
청년기 및 노년기 자살 위험군 사례와의 비교

이 장에서는 설화를 활용한 웰다잉 교육 프로그램 10회기를 모두 마친 참여자 중 본 연구에서 제외한 청년기, 노년기 사례 중 자살 위험군 사례를 비교하고자 한다. 본 프로그램은 성인 일반인을 대상으로 기본 초점을 맞추어 설계하였다. 성인을 초기, 중기, 후기로 나누어 20대, 50대, 65세 이상 프로그램을 설계하여 실행하였는데 본 연구 대상은 성인 중기만 다루었다. 그러나 프로그램은 실행했으나 연구 대상에서 제외되었던 청년기 및 노년기 참여자는 자살 고위험군으로 그 세대를 나타내는 지표적 특징이 있었고 환경적 특이 사항으로 인해 좀 더 차별적, 집중적으로 다루어야 할 필요성이 있기 때문이다. 그 차이점을 살펴보면 다음과 같다.

1) 성인 초기 자살 고위험군 참여자(여, 21세)

성인 초기에 해당하는 청년기 20대 참여자(D)는 21살의 여자로

고등학교 때부터 자살 시도 경험이 있는 자살 고위험군이다. 고등학교를 졸업하고 택배사 아르바이트를 하고 있으며, 어릴 때 부모의 이혼으로 인해 어머니가 없는 조손가정에서 자랐다. 지금도 할머니(76세)와 자신과 쌍둥이인 남동생과 셋이 살고 있다. 부모님이 이혼하자 엄마는 집을 나간 후 만난 적이 없으며 그런 엄마의 존재에 대해 미움과 원망이 있고, 자신의 자식들을 돌보지 않고 할머니에게 짐 맡겨놓듯 맡겨놓고 나가서 책임지고 있지 않은 아버지에 대해서도 증오의 마음을 품고 반항적 행동을 하고 있다.

참여자 D는 고등학교 때부터 손목을 칼로 긋는 등의 자살 시도를 한 적이 있으며, 필자의 프로그램을 제안받아 프로그램을 시작하기 전에도 손목을 그은 통증으로 인해 재수술을 앞둔 상황이었다. 참여자 D는 수술 후 회복되면서 필자와 만나 프로그램을 시작하였으며, 필자와 프로그램을 하는 동안에는 자살 시도를 하지 않는다는 동의서를 받고 프로그램을 진행하였다. 이는 자살 고위험군과 상담할 때 반드시 해야 하는 확인 사항이기도 하다.

참여자 D는, 프로그램 초반에는 작품을 읽어주고 질문에 답하게 하자 간단명료하고 짧게 질문에 답하였고 말을 많이 하지 않았다. 냉소적으로 보일 만큼 대답이 간단명료한 경우가 많아서 자신의 속내를 들키고 싶어 하지 않는 태도를 유추할 수 있었다. 참여자가 20대 초반으로 자신의 정체성과 관련하여 더 많은 작품을 다루면 좋겠다는 판단에 프로그램 초반에는 작품을 추가로 더 진행했다.

2회기 '나는 누구인가'에서 「유리병 속의 괴물」과 「내 복에 산다」,
「잭과 콩나무」를 다루었다. 다양한 화소를 통해 스스로 자신을 만
날 수 있게 하려고 2회기를 하루에 한 작품씩 2번 더 늘려서 총 3
번 한 것이다. 「유리병 속의 괴물」을 가지고 이야기를 나누자 참여
자 D는 중학교 때 친구들로부터 집단 왕따를 당한 자신의 경험을
이야기하기 시작했고, 쓸데없는 모험을 하지 않는다면서 소극적이
면서도 안전을 더 선호하는 특징을 보여주었다. 그런데 이 이야기
에서 언급되지 않은 '엄마'에 대해서 참여자가 불쑥 물었다. "어머니
는 어딨지?"라며 엄마의 부재를 확인하고자 했다. 그리고는 "일찍
죽었을 것 같다"라고 스스로 답했다. 그 후 프로그램 내내 엄마에
대해 언급을 하지 않는 특성을 보인다. 마치 무엇을 들킨 듯 그다
음부터는 엄마에 관한 이야기가 나올까 봐 고의로 회피하는 것처
럼 보였다.

참여자 D는 어릴 때부터 엄마 없이 자라왔고, 엄마를 입에 올리
는 것이 마치 불문율인 것처럼 엄마에 대해 전혀 말하지 않고 살
아왔는데 무의식적으로 작품 속에서 '엄마의 부재'를 지적한 것이
다. 이는 자신의 처지가 투사된 것으로, 무엇을 보든 자신과 비교
하여 보는 특성이 있는 것으로 확인된다. 「내 복에 산다」에서는 작
품의 막내딸처럼 사람은 자기 복으로 산다는 것에 그렇다고 하였
고, 자신은 인복이 많다고 한다. 주변에 도와주는 사람이 많아서
그렇다고 이유를 설명하였다. 그러면서 자신도 막내딸처럼 누구에
게든 할 말을 하는 편이라고 하며, 어제도 아빠와 싸웠다고 자신

의 이야기를 했다. 그러면서 작품 속 아버지가 자신의 아버지와 똑같다며 아버지와 동일시하였다. 작품 속 아버지가 딸에게 왜 아버지의 복으로 사는지 자꾸 주입하려고 하는 모습이 마음에 안 든다고 했다. 자신의 아버지도 자주 "○○야, 내가 누구지?"라고 물으며 참여자 입을 통해 대답하게 만든다는 것이다.

이어진 웰다잉 활동으로 '가계도 그리기'를 하였다. 가계도 그리기를 함으로써 「내 복에 산다」와 「유리병 속의 괴물」에서 발견한 엄마에 대한 감정이 외부로 표현되는 것을 주저하며 회피하고 싶어 하는 자기 서사가 더 보충되고 확인되었다. '가계도 그리기'는 자신의 원가족과 조부모님까지 그림에 표현하는 것인데 가계도에 할아버지, 할머니, 아빠, 고모, 오빠 이름까지 작성하였지만 엄마 표시에는 동그라미만 그려놓고 엄마 이름을 쓰지 않았다. 그러면서 자신은 결혼하기 싫다고 했다. 이유를 물으니 "자유가 없을 것 같다", "아이 낳고 키우는 것이 힘들 것 같아서", "~한 남자 만날까 봐", "몸이 다 망가질까 봐" 등으로 대답하며 자신의 부모 이혼으로 인한 상처가 드러나는 것을 확인하였다.

또 다른 특성은, 3강 '행복한 관계'에서 '용서와 화해' 주제로 「역적누명과 회초리」를 진행한 것이다. 성인 중기, 성인 후기에는 결혼 경험이 있는 경우가 대부분이기 때문에 부부 문제가 나오는 「엎질러진 물」을 활용했으나, 20대 초반의 참여자에게는 남녀 서사의 태도를 살펴볼 수 있는 「역적누명과 회초리」를 활용했다. 활동지는 성인 중기, 성인 후기와 같은 방법으로 '편지 쓰기'를 하였는데, 참여자 D는 자신과 함께 사는 할머니에게 편지 쓰기를 하였다. 내용은 그동안 자신이 할머니 속 썩이며 걱정 끼쳐드린 것에 대한 미안함과 앞으로 잘하겠다는 다짐 등이었다.

이어 「바리공주」, 「신데렐라」를 통해서는 바리공주처럼 자신은 부모님을 살리기 위해 그렇게 하지 않는다고 단호히 말했다. 살릴 이유가 없다는 것이다. 그러나 할머니를 위해서는 자신을 키워줬기 때문에 할머니를 살린다고 했다. 그러면서 부모님에 대해서는 원망과 미움의 감정을 드러냈다. 부모님이 자신에게 준 것은 사랑보다는 상처가 더 많다고 말했다. 부모에 대한 원망이 전체 프로그램 내내 드러났고, 고등학교 때 손목을 그은 이유도 그냥 죽으려는 생각은 없었고, 주위의 이목을 집중시키고 싶어서 했던 행동으로 시작했다고 한다. 주위에 관심과 사랑을 원했던 것이다. 그 일이 반복되자 정신과 폐쇄 병동에 입원했었는데, 오히려 그때 병원에서 좋은 사람들을 많이 만나게 되었다고 했다.

「무수옹」 이야기를 하면서 자신이 자살 시도를 여러 번 해서 정신과 폐쇄 병동에 입원했던 사실을 이야기했다. 그러면서 정신병원에 입원해 있을 때 오빠가 찾아와서 "나를 위해서라도 살아주면 안 되겠니…"라고 했던 말에 눈물이 났고, 삶을 붙잡는 계기가 되었다고 한다.

참여자 D가 가장 마음에 들어 하는 작품은 「브레멘 음악대」와 「무수옹」이었고, 가장 마음에 안 드는 작품은 「내 복에 산다」와 「바리공주」였다. 그 이유는 "누구 덕에 사느냐고 묻는 것 자체가 마음에 안 들었다", "당연히 내 복에 사는데…", 그리고 아쉬울 때 딸을 찾는 부모가 마음에 안 든다며, 바리공주가 너무 바보스러울 정도로 착하고 답답해서 마음에 안 든다고 하였다. 그러나 10강에서 다시 쓰고 싶은 작품을 고르라고 하자 「내 복에 산다」를 선정하였다. 그 이유는 마음대로 자식을 낳아놓고, 누구 덕이냐고 묻는 것이 싫었다며 자기들 마음대로 내쫓아놓고 나서 다시 찾는 그런 부모는 만나고 싶지 않다고 했다. 그래서 다시 고치고 싶은 부분도 "딸을 내쫓지 않는다. 장난식으로 말했다가 다시 바로 들어오게 할 것이다. 화목하게 잘 살았다고 마무리하고 싶었다"라고 했다. 그리고 작품에서 막내딸이 부모에게 따로 상을 차려준 내용을 자신은 고쳐서 "따로 상을 차려주지 않고 멀리서 먹는 것을 지켜만 본다"라고 했다.

이는 자신을 버리고 간 엄마와 자신을 돌보지 않는 아빠에 대한 마음이 투사된 것을 보여준다. 부모에 대한 원망과 억울함이 아직 해소되지 않고 남아 있는 것으로 확인된다.

이러한 성인 초기의 참여자 D는 자살을 여러 번 시도한 자살 고위험군으로, 불우한 가정환경을 딛고 일어서서 자신의 정체성을 찾게 하고 죽음에 대한 인식을 변화시키도록 함으로써 긍정적 삶의 의지를 갖게 하여 희망적인 미래의 방향으로 인도하는 것이 중요하다. 필자와 참여자 사이에 깊은 라포가 요구되기에 더 많은 시간과 정성을 들여서 프로그램을 진행하였다. 참여자 D는 인생을 살아온 기간에 비해 깊은 상처와 아픔을 경험한 터라, 깊은 상처를 치유하고 건강한 삶을 살게 하는 것이 중요하다.

죽음에 관한 이해의 변화는 프로그램 중에 할머니의 죽음을 이해하게 되면서부터이다. 할머니가 늘 입버릇처럼 자신은 곧 죽을 수 있다는 이야기를 해오셨다고 한다. 그 이야기를 들을 때마다 짜증이 나고 힘들었는데, 프로그램을 하고 나서 보니 할머니가 말씀하시던 것이 이해가 간다고 했다. 할머니는 건강도 안 좋고 연세도 있으니 장차 올 수 있는 죽음에 대해 준비하고 계실 수도 있다는 것이 이해가 되었고, 이제는 할머니가 그런 말 해도 화가 나지 않는다고 했다. 그래서 살아계시는 동안에 잘해드리고 싶다고 했다.

「바리공주」 시작 전후에 죽음 연상 단어 사전 사후 작성에서도 "남겨지는 사람, 환생, 사후세계, 해방, 편안함, 무"라고 작성하였다가, 사후에는 "환생, 윤회, 어쩔 수 없는 것, 끝, 휴식, 영생"이라고 작성하였다. "남겨지는 사람"에서 "어쩔 수 없는 것"으로 변화된 인식을 확인하였다. 환생과 윤회는 반복되는 것이었고, 영생이라는 죽음 이후의 세계에 대해서 인식의 세계가 넓어진 것을 확인하였다.

죽음 불안 척도 사전 사후에는 미세한 변화가 있었다. 죽음 불안이 총점 35점에서 29점으로 6점 낮아졌다. 중년 세 사람 참여자와 비교해서 사전 사후 변화가 많지는 않았으나, 프로그램 후 달라진 변화로는 다시는 자살 시도를 하지 않겠다고 했다. 그리고 "사는 동안 잘 살아야겠다"라며 구체적으로 하고 싶은 것이 많아졌다는 것이다. 즉, 삶에 대한 의지가 많이 생겼음을 확인하였다. 그전에는 하고 싶은 것도 없고 냉소적이었는데, '버킷리스트' 작성할 때도 단숨에 10가지를 금방 써 내려갔을 정도로 "이왕 사는 거 잘 살아야겠다"라는 의지가 생겼음을 확인하였다.

'소감문 쓰기'에서도 장문의 소감문을 작성하였는데, 다음과 같다.

> 평소에도 죽음이라는 주제를 자주 생각했지만 내가 생각했던 죽음과는 조금 다른 느낌이었다. 우울했던 시절이 상기되기도 했지만 조금 씁쓸했을 뿐 별다른 감정이 들지 않는 게 신기했다.
>
> 할머니를 생각하면 본인도 모르는 새에 죽음을 준비하고 있을지도 모른다는 생각이 들었다. 아마 이 프로그램을 하지 않았다면 그저 할머니의 지나친 생각이라고만 생각했을 것 같다. 이 프로그램을 하면서 할머니는 자신의 죽음을 조금씩 준비하는 것 같다고 느꼈다.
>
> 그러면서 나는 우울했던 과거보다는 앞으로 해야 할 일에 중점을 두기로 했다. 프로그램을 하면서 생각해보니 나는 하고 싶은 게 많다. 솔직히 이대로 죽어도 미련은 없지만 그래도 살아있는 한 뭐든 하면서 살아보고 싶다.
>
> 사람은 어떻게 죽을지 모르니까 그때를 위해 행복하게 살고 싶다.

무엇보다도 20대 성인 초기 참여자는 자살 고위험군이었으므로 삶에 대한 의지를 갖게 하는 것이 중요했는데, 처음에는 자신의 내면이 드러나는 것을 조심스러워하며 회피하였으나 설화 작품을 통해서 투사하면서 자신의 관계 서사가 드러났다. 그리고 자신의 깊은 상처였던 자살 시도와 중학교 때 왕따를 당했던 이야기 등 내면에 가라앉아 있던 상처들을 다시 외부로 꺼내 올려 말하고 직면하면서 자신의 삶을 재구성할 수 있게 되었고 치유의 과정으로 나아갔다.

그리고 함께 살고 있는 할머니와 화해를 시도하고 할머니를 이해하게 되었으며, 과거 우울했던 과거보다는 앞으로 해야 할 일에 중점을 두기로 했다는 소감문을 통해 긍정적으로 변화된 삶의 의지를 확인할 수 있었다.

따라서 본 설화를 활용한 웰다잉 교육 프로그램은 성인 중기뿐만 아니라 삶의 초입에서 많은 고민이 있고 가정적 어려움과 관계 미숙에 고통받는 20대 성인 초기나 자살 고위험군 특수 계층에도 필요한 교육임을 확인하였고, 활용 방안이 많을 것임을 확인하였다.

2) 성인 후기 자살 고위험군 참여자(남, 83세)

또 다른 참여자는 83세 남자로, 성인 후기에 해당하는 일반인이다(참여자 E). 참여자 E는 이번 프로그램을 하면서 자살할 생각이 있고 계획이 있으며 자살 도구도 준비해두고 있었던 자살 고위험군이었다. 두 아들이 있으나 결혼 후 분가하여 살고 있고, 부인과는 3년 전 사별하여 혼자 살고 있다. 웰다잉 교육은 받은 바 있으나 일대일 상담 교육으로 참여한 경우는 처음이다.

M 복지관에서 처음에는 설화를 활용한 웰다잉 교육 프로그램을 5회기로 진행하기로 하고 다른 7명과 함께 일대일 상담 교육 프로그램으로 시작하였으나 이 참여자 E는 자살하고자 하는 생각을 하고 있었고, 자살 도구가 확인되면서 자살 고위험군으로 확인되었다. 따라서 참여자 E는 회기를 연장하여 10회기까지 진행하였다.

1회기 오리엔테이션 시간에 참여자 E는 자신의 아내가 3년 전 암 투병하다 임종할 때 죽음이 너무 두렵다며 자신과 함께 죽어 달라고 했다는 말을 했다. 그때 함께 죽지 못했다며 그것이 자신의 잘못인지 필자에게 질문했다. 그래서 각각 자기의 몫을 살아내야 하며, 아내가 고통과 두려움에 그렇게 한 말은 진심이 아니었을 것이라고 위로를 해드렸다. 그리고 그때 함께 따라 죽지 않은 것은 너무 잘한 것이라고 말해드렸다. 참여자 E는 자신 아내의 죽음과 관련하여 아무한테도 그 얘기를 하지 못하고 죄책감을 느끼고 있었는데 필자가 그렇게 이야기해주어서 너무 다행이고 고맙다고 했다. 참여자는 누군가의 지지를 받고 싶었고, 인정받고 싶던 것이다.

2회기 때 「복 빌린 나무꾼」 이야기를 통해 '복'에 대해 이야기를 나누었는데, 자신이 11살 때부터 부모님 대신 삶을 책임지는 가장이 되어 생활전선에 뛰어들어 온갖 고생을 하며 살아온 이야기를 하기 시작했다. 그리고 인간이 어느 정도 노력을 해야 하지만 하늘이 도와야 잘산다는 이야기를 했다.

가장 힘들었던 군대 시절부터 자살하고 싶었다는 이야기를 슬며시 하기 시작했고, 필자가 "지금도 그럴 생각이 있느냐?"라고 묻자 "그렇다"라고 대답했다. 그래서 "자살 도구도 가지고 있느냐"라고 묻자 대답을 잘 못하고 얼버무리려고 하길래 구체적으로 질문했더니 참여자 E는 사실대로 털어놓기 시작했다. "번개탄 두 줄을 숨겨놓고 있다"라고 했다.

항상 어느 때든 기회가 되면 자살을 시행하려고 했다는 것이다. 아들만 둘인데 아들 둘 다 각자 알아서 살고 아버지를 그렇게 돌봐주지도 않는다. 지금은 건강해서 혼자 무엇이든 할 수 있으나 자신의 손으로 아무것도 할 수 없거나 쓰러지게 될까 봐 걱정된다고 했다. 삶에 대한 희망도 없고, 신체적 질병의 두려움이 크다는 것이다. 그래서 이런 위급의 순간에는 필자가 자살하면 안 되는 이유에 대한 생사학적 배경으로 종교적, 임사 체험, 무속의 영, 자살 시도자들의 증언 등을 이야기해주었고 자살은 더 큰 고통을 부른다는 여러 예화를 들려주었다. 그리고 삶에 대한 이유와 소망에 대해 많은 이야기를 나누게 되었다. 그리고 자살하지 않기로 약속했고, 자살 도구를 없애기로 했다. 언제까지 자살 도구를 없앨 것인지 묻자 "바로 오늘 없애고 선생님께 연락드리겠다"라고 했다. 그래서 증거를 사진 찍어서 보내라고 했더니, 그날 저녁 집에 가서 번개탄 뭉치 사진 찍어서 보여주었고, 집 근처 연탄구이 집에 갖다주었다고 했다.

그 이후 그 참여자의 집을 방문해서 자살 도구를 확실히 제거했는지 확인했다. 참여자는 그 후 가난했지만 성실하게 살아온 자신의 지난 이야기와 성공의 자기 서사와 문제가 있었던 부부 서사, 그리고 자신이 어렵게 자라고 힘들게 돈을 벌었기에 자녀들은 공부시키고자 하는 일념으로 자신은 지방에 살면서 아내와 자식들은 서울에서 공부시켰고 좋은 대학 보내게 된 부모자녀 서사들을 확인하였다.

참여자 E는 자신이 살아온 삶에 대해 하고 싶은 이야기가 너무 많았다. 늘 교육 시간 2시간이 모자랄 정도로 80여 년을 살아온 얘기, 그중에서도 자기 안에 있는 상처와 아픔과 고생 등에 대해 끝없이 이야기를 풀어놓았다. 필자는 지지자가 되어 참여자의 살아온 이야기를 들어주며 칭찬과 격려를 해주었다. 그리고 삶과 죽음에 관해 다양한 작품 주인공의 입장과 참여자의 입장이 동일시되거나 반대로 감정이입을 해보는 등 충실히 즐겁게 프로그램을 진행하였다.

「바리공주」 이야기를 나누기 전후 죽음 연상 단어 조사에서는, 프로그램 전에는 "삶의 끝, 천당, 지옥, 고통, 여생, 환생"이라고 작성하였고, 프로그램 후에는 "자살, 양로원, 상속, 유산, 평온, 순응"이라고 작성하였다. 프로그램 전에는 죽음에 대해 막연한 생각을 가진 것으로 나타났고, 프로그램 후에는 죽음과 관련하여 구체적으로 고려해야 할 사항들을 다양하게 작성한 것을 확인할 수 있었다. 즉, 죽음에 대한 인식이 확산되고 보다 많은 구체적 생각을 하게 된 계기로 작용한 것이 확인되었다.

9회기에는 참여자 E가 삶에 대한 긍정적 의지를 보여주었는데, 「브레멘 음악대」를 통해 이야기를 나누며 쓸모없어진 존재들이 서로 힘을 합쳐 희망의 세계로 나가는 것을 긍정적으로 인식하였다. '버킷리스트'도 꼼꼼하게 작성하고 그것을 꼭 이루겠다는 의지도 보였다. "자가용으로 전국 여행을 하고 싶다. 집수리를 마치고 싶다. (내 손으로) 가까운 곳은 자전거 여행하고 싶다. 여자친구와 좀 더 멋지게 지내고 싶다. 지금처럼 자원봉사를 하며 살다 가고 싶다"라는 개인적인 바람과, 사회와 국가에 대한 걱정과 소망이 담긴 내용이었다.

그 후 참여자 E에게는 삶에 대한 적극적인 의지가 생긴 것을 볼 수 있었다. 노인 일자리 아르바이트를 알아보았고, '지역 돌봄 지킴이 활동'을 하게 되었다. 시간을 보람 있게 보내고 돈도 벌어서 손자들에게 용돈도 줄 수 있다고 즐거워한다. 10회기를 통해 가장 마음에 들고 좋아하는 작품은 「브레멘 음악대」라고 하였다. 노인들의 삶과 비슷하여 공감이 되었고, 동물도 노인도 쓸모없어지면 소외되는데 먼 길을 떠나며 자신들의 삶을 개척하게 되는 이야기가 좋았다고 하였다. 다시 쓰기도 「브레멘 음악대」를 가지고 하였다. 「브레멘 음악대」로 다시 쓰기를 한 내용을 보면 도둑을 내쫓는 것에서 이어서 작성하였다. "이제부터는 숲속의 왕국을 스스로의 능력으로 가꾸어나가기로 했다. 각자의 능력으로 지혜를 모아서 남은 생을 멋지게 재미있게 그리고 자급자족할 수 있도록 서로 의논하고 생각해서 꿈에 그리던 에덴의 동산이나 동물의 왕국으로 만들어갔다", "삶의 마지막을 멋지게 소신껏 이끌어나가기로 했다. 다 같이 힘든 시기에 만났던 동물이기에 힘을 합쳐서 꿈동산을 가꾸어나갔다"라고 작성하였다. 다시 쓰기의 내용을 통해 노년의 삶에 대한 희망과 적극적인 의지를 갖는 것을 확인할 수 있었다.

프로그램 만족도 조사 결과, 프로그램에 참여하기 전에 죽음에 대해 생각해본 적이 있는가에 대한 질문에는 매우 그렇다고 하였고, 프로그램에 참여하고 나서 죽음에 대한 인식에 변화가 있었다고 대답하였다. 또한 프로그램 참여 후 죽음 준비에 대한 교육이 많은 사람에게 필요하다고 생각한다고 대답하였다.

직접 쓴 소감문에 이 프로그램의 유익한 점과 효과에 감사하는 글을 남긴 것을 확인하였다. 특히 "지금도 죽음에 많은 두려움을 갖고 살면서 우리 선생님과 만나면서 속마음을 다 털어놓고 이야기도 하고 조언도 받으면서 한 가족처럼 의논도 한다. 제일 힘들었던 자살 용품들을 약속한 대로 치워버리기도 했다. 남들은 쉽게 살고 어려움이 없는 것 같은데, 나는 힘들다. 행복해 보이려고 그렇게 살려고 노력해보았지만 쉽지 않다. …(중략)… Well Dying 공부하면서 좋은 일이 많았다. 끝까지 버킷리스트 썼던 대로 실천해보려고 한다. 남은 삶이 얼마인지는 모르겠지만 끝까지 추한 늙은이가 아닌 어르신으로 살고 싶다"라고 작성하였다. 자신의 삶을 돌아보며 솔직하게 힘든 모습도 드러내 보였고, 자신을 이해하는 시간이 되었을 뿐만 아니라 삶에 대한 의지도 가지는 것을 확인할 수 있었다.

2020년도 보건복지부와 중앙자살예방센터의 보고에 의하면 우리나라의 65세 이상 노인 자살률은 인구 10만 명당 53.3명으로 OECD 회원국 중 가장 높고, OECD 평균보다 2.9배 높은 것으로 보고되었다. 특히 노인 자살의 심각성은 자살 계획에 대해 주위 사람들에게 알리지도 않고 아무런 예고도 하지 않고 시도되는 경우가 많아서 치사율이 높고, 위험하고 극단적인 방법을 사용하기에 자살 성공률이 높은 것이 특징이다.[189] 10차 한국의료패널 자료를 이용한 조사에 따르면, 자살을 생각해본 적이 있는 노인은 168명(16.6%)이었으며, 실제로 자살을 시도해본 경우도 3.2%로 조사되었다. 자살 충동을 느낀 이유는 가정 문제가 60명(5.6%), 경제 문제가 49명(4.6%), 신체적 질병이 44명(4.1%) 순으로 나타났다. 노인의 자살에 영향을 미치는 요인 중에는 우울, 미래에 대한 불안과 같은 정서적 요인들과 신체적 요인이 있었는데 그 외에도 자살의 징후를 조기에 발견하는 것이 중요하다.[190]

따라서 우울 증상에 노출된 어르신들이 자신의 고민을 터놓고 이야기할 수 있는 상담 프로그램의 개발이 필요하다.[191] 본 프로그램은 노인의 우울을 개선하고 삶의 질을 향상시킬 수 있는 자살 예방과 웰다잉 상담 교육 프로그램으로서 효과가 있음이 확인되었다. 초고령사회를 앞둔 우리 사회에 노인 관련 문제는 증가할 것으로 보이며 자살 예방과 관련하여 정서적 지지와 상담이 필요하므로 본 프로그램은 노인 대상으로도 지속해서 이루어질 필요가 있다.

또한 청년기의 20대 참여자도 성인이기는 하지만 아직 미숙한

189) 김선미, 이경주, 「전·후기노인의 자살생각 위험요인: 10차 한국의료패널 자료를 이용하여」, 『노인간호학회지』 제22권, 노인간호학회, 2020, p. 282

190) Handley TE, Hiles SA, Inder KJ, Kay-Lambkin FJ, Kelly BJ, Lewin TJ, et al. Predictors of suicidal ideation in older people: a decision tree analysis. The American Journal of GeriatricPsychiatry. 2014,:22(11):1325-35.

191) 우강숙, 「노인의 특성이 우울증상에 미치는 영향」, 전북대학교 행정대학원 석사학위논문, 2017, p. 28

성년기로, 가족관계 안에서 할머니나 아버지에 대해 순응할 것인지와 자기 세계관을 가지고 주체적인 존재로서 독립적으로 나갈 것인지의 갈림길에서 고민하며 갈등하는 시기이다. 따라서 그 세대별 특성에 맞게 다루어야 할 것들이 많다. 2020년 한 해 동안 응급실 내원 자살 시도자 현황 자료에 의하면 응급의료기관 66곳에 실려 온 20대 여성 자살 시도자는 전체 자살 시도자 가운데 20.4%로, 남녀 모든 연령대에서 가장 높은 비율이다. 최근 5년간 20대 여성의 자살은 33.5% 증가했다. 코로나19 시대 위기에 내몰린 20대 여성의 우울증 등이 가속화될 것으로 전망되며 저성장 시대 속 짙어진 청년 세대의 우울함이 코로나19를 통과하며 증폭하고 있다는 분석이 나온다.[192]

본 프로그램은 청년기 20대의 정신건강과 정서적 지지, 삶의 이해와 죽음의 이해를 통한 삶의 긍정적 변화를 위해서도 효과가 있었다. 설화를 활용한 웰다잉 교육을 통해 참여자의 활동 참여 깊이가 달라졌고, 자신의 참모습에 대한 서사적 이해가 증진되었다. 그러므로 설화를 활용한 문학치료적 웰다잉 교육 프로그램은 청년기와 노년기에도 확대 적용할 수 있으며, 특히 자살 고위험군을 대상으로 한 상담 교육 프로그램으로서 충분히 활용될 수 있다는 가능성을 확인하였다.

---

192) 임재우 기자, 「응급실서 확인한 '조용한 학살' 20대 여성 자살 시도 34% 늘었다」, 한겨레신문, 2021. 5. 3.

제 8 장

프로그램 활용 방법

1.
기존 프로그램 대비 차별적 효과

본 설화를 활용한 웰다잉 교육 프로그램과 기존 웰다잉 교육 프로그램 사이에는 어떤 차이점이 있을까? 기존의 웰다잉 교육 프로그램은 대부분 죽음에 관한 인지적·정서적·행동적·가치적 차원의 내용을 구성으로 하는 프로그램이었다.[193] 반면에 본 프로그램은 설화를 활용한 문학치료적 웰다잉 교육 프로그램으로서, 기존의 웰다잉 교육과 주제는 동일하나 기존의 인지적·정서적·행동적·가치적 차원에서 '가치적' 차원을 강화하고 '치료적' 차원을 더했다. 즉, 수업 내용의 주재료인 '설화'를 활용하여 문학치료적 방법을 활용함으로써 치료적 차원을 더하였고, 가치적 차원을 더 많이 다루었다는 점이다.

구성체계와 방법은 설화를 활용하여 다양한 작품 서사를 통해 삶의 이해와 자기 이해 그리고 죽음을 직면할 수 있도록 하였다. 그리고 웰다잉 주제와 연결된 활동을 연계하였다. 웰다잉 교육은 죽음 준비의 필요성과 죽음 그리고 삶과의 연관성을 가르침으로써

---

193) 이나영, 위의 논문, p. 193

죽음에 대한 준비 교육이자 죽음을 통한 삶의 소중함과 가치를 일깨우는 삶의 교육이다. 그러므로 죽음의 다양한 이해를 돕기 위해 종교적인 죽음의 이해와 생사학적 죽음 이해 등 죽음의 성찰을 통해 자신만의 죽음관을 가질 수 있도록 돕는다. 죽음을 터부시하기보다는 죽음을 성찰함으로써 삶의 궁극적인 도달점으로 죽는 날까지 자신에게 주어진 삶을 어떻게 살아갈 것인가를 적극적으로 생각해야 하기 때문이다.[194]

삶과 죽음에 관한 이론적인 내용 대신 설화의 이야기를 들려주고, 작품에 따른 질문지를 작성하고, 작성한 질문지를 가지고 참여자와 필자가 이야기를 나누며 작품 서사가 주는 삶의 가치를 돌아보게 하고, 설화의 작품 서사로 이야기를 나누었다. 그 결과 설화에 대한 서사적 반응이 참여자마다 다르고 그 반응 속에 자신의 문제 서사가 드러났다. 그 문제에 직면하며 수용하고 해결의 가능성을 확인하게 함으로써 문학치료적 효과가 확인되었다. 또한 설화를 사용하여 활동지는 유언장 작성하기, 버킷리스트 작성하기 등 기존의 활동지를 사용하였으나 '편지 쓰기'는 '용서와 화해'를 위해 필자가 새로 만들어서 사용한 활동지였다.

이러한 정서의 인식과 표현 과정은 자신의 감정을 구체화하고 발산하는 계기가 되어, 결과적으로는 카타르시스를 가져온다고 할 수 있다. 의도적인 인지 과정은 정서적 안정의 바탕 없이 실현되기

---

194) Alfons Deeken 지음, 전성곤 옮김, 『인문학으로서의 죽음 교육』, 인간사랑, 2008, p. 35

가 힘들다. 이는 Mayer와 Salovey의 정서 지능 모형에서 '정서의 사고 촉진'과 관계가 깊다. 즉, 인지적 작용을 할 때 정서가 큰 영향을 미치며, 정서의 안정 혹은 활성화 실현 후 인지적 활동으로 전환해야 함을 시사한다.[195]

본 프로그램 실행을 통해 얻게 된 효과 및 결과를 살펴보면 다음과 같다.

첫째, 참여자는 설화 작품을 통해 이야기를 나누면서 그동안 살아온 자신의 삶을 돌아보며 자신을 발견하고 자기 이해에 도달할 수 있었다. 기존의 웰다잉 교육에서도 인생 회고를 통해 자기 생애를 정리해보는 시간이 있다. 그러나 문학치료적 기법을 활용한 본 프로그램에서는 기존 프로그램에서 볼 수 없었던 것을 발견할 수 있는데 그것은 참여자가 더 깊은 자신의 서사를 이야기한다는 것이다. 참여자가 자연스럽게 작품 서사를 통해 자신의 관련 서사를 이야기하기 시작하였고, 회기를 거듭할수록 작품 서사는 화수분이 되어 자신의 다양한 서사를 풀어냈다. 서로 다른 서사를 가진 작품을 통해 주인공의 서사를 만나고 주인공이 나아간 서사의 길을 따라가며 자신은 그런 상황이었다면 어떻게 했을지, 그리고 만약 자신에게도 그런 일이 생긴다면 어떻게 태도를 보일지에 대해 대입해 생각해보고 이야기함으로써 자기를 이해하게 된다. 그리고 자신의 서사를 다르게 변화시켜 나간다. 곧 자기 서사를 이해함으로써 자기 서사를 보충하거나 강화하기 위해 작품 서사와 차이를 메우려

---

195) 정희경, 「문학치료의 과정에서 나타나는 아동의 정서체험 양상」, 한국교원대학교 석사학위논문, 2006, p. 78

는 시도를 통해서 통합으로 나아가게 된다. 이러한 자기의 알아차림과 삶에 대한 이해는 자기수용과 변화에 대한 의지로 이어지기 때문에 문학치료의 자기 이해 과정은 진단이면서 곧 치료의 과정이라고 할 수 있다.[196]

둘째, 참여자의 내면에 잠재되어 있던 문제 서사가 드러나며 그 문제 해결 의지를 갖추게 되었고 해결의 가능성을 열어주었다. 일반인을 대상으로 한 기존의 웰다잉 교육 프로그램에서는 개인의 서사를 다루지 않는다. 일부 특정인(사별자, 자살 고위험군 등)을 대상으로 할 때를 제외하고는 개인적 문제를 언급하지도 않고 개인 문제 서사가 드러나지도 않는다. 그러나 문학치료적 웰다잉 프로그램을 실행해보니 작품 서사를 따라가며 주인공의 입장에 자신의 견해를 투사하거나 동일시하는 등 서사적 반응이 일어나서 참여자의 다양한 개인 서사가 드러났다. 특히 감추어두었던, 혹은 자신이 드러내고 싶어 하지 않았던 내면의 문제가 있는 서사나 풀리지 않는 관계적 문제 서사들을 직면하게 되었고 그 이야기는 다른 작품을 나누면서도 계속 반복하여 이야기하게 된다. 그러면서 자신 스스로 자기 문제의 해결 가능성을 모색하며 해결할 의지를 갖게 되었다. 그것은 교육 프로그램의 효과뿐 아니라 개인 상담으로서도 효과적임을 증명한다. 상담은 상담자가 겪고 있는 심리적 어려움을 내담자와 상호작용을 통하여 내담자의 문제를 해결할 뿐만 아니라, 내담자가 행복한 삶을 살아가도록 돕는 것이기 때문이다.[197]

---

196) 조은상, 「문학치료에서 자기이해」, 『문학치료연구』 제45집, 문학치료학회, 2017, p. 50

197) 천성문, 이영순 외, 『상담 심리학의 이론과 실제』, 학지사, 2006, p. 18

셋째, 죽음과 관련된 작품의 모티프를 통해 죽음의 인식에 자연스럽게 접근할 수 있었다. 흔히 사람들은 죽음이라는 말을 떠올리고 싶어 하지 않고 피한다. 두렵기 때문이다. 그런데 작품은 죽음을 간접적으로 경험할 수 있게 한다. 처음에는 내 이야기가 아닌 작품 속 주인공의 이야기이지만, 나와 동일시하면서 죽음의 직면 경험도 하게 되는 것이다. 「신데렐라」에서 어머니의 죽음은 슬픈 것이었지만 신데렐라를 통해 남은 자의 슬픔과 애도를 통해 사별의 슬픔을 딛고 일어서서 더 건강한 서사로 나아갈 수 있음을 인식하게 된다. 「바리공주」를 통해서 부모에게 버림받는 것은 죽음과 같은 것이었고, 다시 부모를 만났으나 그 부모의 생명을 살리기 위해 서천으로 구약 여정을 다녀오는 바리의 고귀한 행위를 통해 죽음의 의미와 재생의 의미를 생각하게 된다.

「아버지의 유산」, 「사람 살리고 얻은 명당」 등에 등장하는 유산, 명당의 화소들은 자신의 죽음 준비에 대한 계기로 작용한다. 인간은 사는 동안 흔적을 남긴다. 유산은 무엇을 남길 것인가와 관련된 우리 삶을 돌아보게 할 뿐만 아니라 작품에서 아버지의 삶을 상상해보며 자신의 아버지나 자신이 부모로서의 입장이 되어 자녀들에게 어떤 유산을 남길 수 있을 것인지 생각해볼 수도 있다. 자신과 관련된 부모 서사와 자신의 자녀 서사까지도 살펴볼 수 있는 화소가 된다. 참여자 B와 C처럼 유산과 상속 문제로 부모와의 갈등이나 서운함으로 문제 서사가 드러난 경우도 있었고, 부모님에게 물질적 유산은 물려받지 못했지만 유산은 물질적 유산뿐만 아니라 정신적 유산도 있음을 알게 되어 오히려 자신의 존재적 서사를 더 긍정적으로 확인하게 된 참여자 A도 있었다. 이처럼 죽음과 관련된 작품 서사나 모티프를 사용하니 죽음 인식에 좀 더 자연스럽게 접근할 수 있었을 뿐만 아니라 자신의 인생관 가치관을 다시 살필 수 있었다.

넷째, 활동지의 글쓰기를 통해 기존 프로그램에서 볼 수 없었던 자기 서사의 통합적 내용이 드러나는 것을 볼 수 있었다. 본 프로그램에서 활동지로 인생 그래프 그리기, 편지 쓰기, 죽음 연상 단어 작성, 유언장 작성, 버킷리스트 작성 등을 하였다. 인생 그래프는 자신의 그동안 살아온 삶을 긍정과 부정 혹은 행복과 불행으로 나누어 점수로 환산하여 좌표를 찍고 그래프로 연결하는데 한눈에 살아온 삶을 그래프로 볼 수 있는 것이다. 불행과 행복이 교차했던 인생이었음을 이해하게 되며 앞으로의 삶에 대해서도 미래 의지를 갖게 하기 위한 것이다.

편지 쓰기는 지난 삶의 회고를 통한 자기 발견의 대주제로 자신의 행복한 관계를 돌아보게 하는 것인데, '용서와 화해'의 주제에서 필자가 새로 만들어서 사용한 활동지였다. 용서해야 할 사람이 있는지, 용서를 빌어야 할 사람이 있는지, 화해할 사람이 있는지, 자신이 풀지 못한 맺힌 관계가 있는지 확인하여 그 사람에게 편지를 써보는 것이다. 아직 화해할 준비가 되어 있지 않았더라도 편지 쓰기를 함으로써 나의 분노나 감정을 조절할 수 있으며 상대의 입장도 재인식해볼 수 있는 시간이 된다. 참여자마다 화해하고 싶은 간절한 문제 서사가 있었는데 모두 가까운 가족이었다.

참여자 A는 현재 가족과 떨어져 살고 있지만, 자신의 잘못을 생각하며 딸들에게 용서를 빌고 화해로 나아가기 위한 마음을 드러내며 딸들에게 편지를 작성하였고, 참여자 B는 자신의 딸에게 편지를 썼는데 자신의 딸이 어렸을 때 엄마인 자신이 딸을 사랑으로 너그럽게 키우지 못하고 자기 통제적으로 아이를 몰아넣었던 양육 태도를 반성하며 썼다. 참여자 C는 아버지가 돌아가시자 아버지의 재산을 이미 큰오빠 이름으로 다 등기해놓았던 사건을 계기로 오빠와의 불신과 배신감으로 갈등을 겪었고 지금은 서로 오가지도 않는 불편한 관계를 풀고 싶어서 오빠에게 편지를 썼다. 그렇게 편지를 쓰고 본인이 작성한 편지를 읽어달라고 하자 참여자들 모두 편지를 읽으면서 그 감정에 몰입하여 눈물을 흘렸다. 자신의 불편한 관계 서사와 만나고 직면하며 감정이 터져 나왔다. 응어리진 마음들이 용서와 화해를 위한 편지 쓰기에서 참여자들의 내면에 있었던 갈등 관계 서사가 그대로 표현되었으며 상대의 관점에서 나를 바라보는 거리적 두기를 함으로써 글쓰기의 치유적 효과도 보인다.

유언장 작성은 '죽음에 대한 준비' 주제의 활동으로 활용하였는데 일반적인 유언장은 재산과 물질적 부분에 대한 상속에 대한 것을 주로 다루지만 본 프로그램에 사용한 유언장은 일반적인 유언장과 차이가 있다. 유언장의 내용을 다섯 가지 항목으로 나누었다. '생을 마감하면서 나에게 남기고 싶은 말', '배우자 혹은 가족에게 하고 싶은 말', '친구, 친지들에게 하고 싶은 말', '나의 장례식에 대해서 남기고 싶은 말', '사후 유산처리에 대해서, 기타 내용' 등이다. 생을 마감하면서 자신에게 남기고 싶은 말은 참여자들 모두 자신에게 수고 많았다며, 애쓰고 힘들게 살아온 스스로에 대해서 미안해하기도 하며 격려하고 위로하는 글을 작성하였다.

스스로 자신을 위로하고 격려하는 것은 자신을 존중해주고 자존감을 높여주는 태도의 확장으로 이어질 수 있어서 좋은 효과를 보인다고 할 수 있다. 배우자 혹은 가족에게 하고 싶은 말은 자녀들에 대한 당부의 말이었는데 참여자 A는 "정말 본인이 하고 싶은 것을 하면서 즐겁고 행복하게 살라" 했고, "주인이 되는 삶을 살라"라며 딸들에게 "미안하다"라고 했다. 아내에게는 한 줄 "여보 미안해요, 못난 나를 만나서"라고 씀으로써 자기 서사가 유언장에서도 드러나는 것을 확인할 수 있었다.

참여자 B는 "생각과 행동들이 아주 달라서 무던히 힘들었는데… 당신의 따뜻한 마음만큼은 알고 있었어. 고맙다고 이야기해주지 못해서 미안하고 고마웠어"라고 하였고, 자녀들에게는 "너희들이 있어서 행복했고 서로 의지하며 잘 지내라"라고 하였다. 참여자 C도 두 자녀에게 "서로 의지가 되고 울타리가 되는 형제가 되어 서로 양보하고 배려하고 도우며 선하게 살라" 한다. 자신의 기독교 신앙의 영향으로 죽음이 끝이 아니고 천국에서 만나자고 하기도 하였다. 이렇게 주로 유언장은 자신의 지나온 삶을 회고하며 스스로 위로하는 내용이 있었으며, 남겨진 가족과 사랑하는 사람들에게는 고마움과 당부의 말을 작성함으로써 가족의 소중함을 인식하는 내용으로 기존 유언장과 달리 자신의 인생관이 깃든 삶의 서사를 보여준 것이 다른 점이었다.

버킷리스트 작성은 자신이 진정으로 하고 싶은 것 중에 소망을 보여주는데 관계 서사에서 미해결된 관계의 해결 의지를 보이는 것이 있었다. 이는 긍정적인 삶의 변화를 가져올 것으로 기대되며 가족에 관한 자기성찰 글은 '가족 간의 이해 부족 인식과 새로운 발견', '가족과 함께하는 시간과 존재 가치 인식', '진정한 대화를 통한 갈등 극복과 소통 추구'라는 긍정적인 변화를 나타냈다는 연구와도 일치하는 것이었다.[198]

이상으로 문학치료적 웰다잉 교육 프로그램을 실행해본 결과, 설화를 활용한 웰다잉 상담의 효용성과 가능성이 확인되었다. 삶과 죽음의 이해를 통한 삶의 교육으로서 긍정적 삶의 변화를 할 수 있는 웰다잉 교육 프로그램의 효과와 설화를 활용한 문학치료의 효과를 동시에 얻을 수 있는 프로그램임을 확인하였다.

---

198) 박선영, 「대학생의 성찰적 글쓰기에 관한 고찰: 가족 간의 관계 회복을 중심으로」, 『독서치료연구』 제12집, 한국도서치료학회, 2020, p. 39

2.
문학치료적 웰다잉 교육 프로그램의 활용 방법

    본 프로그램은 2시간씩 10회기 20시간을 기준으로 설계하였으나 개인이나 집단의 특성에 따라 회기를 연장하거나 심화하여 진행할 수도 있다. 일대일 상담 교육 프로그램뿐만 아니라 집단 교육 프로그램이나 집단 상담으로 진행할 수도 있는데, 집단 상담으로 진행하면 참여자 간의 역동을 경험하여 더 많은 서사 갈림길을 생각할 수 있는 장점이 있으며, 인원이 15명 이상일 때는 그룹으로 나누어 프로그램을 진행하면 역동을 통해 프로그램의 유효성을 높일 수 있다. 또한 대상에 따라 회기를 조정할 수 있으며 본 프로그램에 사용된 설화를 그대로 활용해도 되고, 유사한 다른 설화를 사용해도 된다.

1) 프로그램 회기는 10회기, 12회기, 5회기 등 상황에 따라 회기 변화를 줄 수 있다

프로그램 회기는 선행 연구와 일반적 웰다잉 프로그램 연구를 통하여 확인된 10회기로 2시간씩 진행하였으나 특위 계층이나 대상에 따라 죽음 관련 작품을 추가하여 12회기로 2시간씩 진행하여도 효과적이며, 기관의 제한적 상황에 따라 축소하여 5회기로 진행해도 된다.

본 프로그램은 성인 일반인을 대상으로 맞추어 설계하였다. 설화를 활용한 웰다잉 교육 프로그램을 실행한 M 복지관에서 진행된 10명은 5회기로 집단 교육 프로그램으로 진행하였는데 오리엔테이션을 제외하면 「무수옹」, 「복 빌린 나무꾼」, 「바리공주」, 「브레멘 음악대」 등 설화 작품 4개를 활용하였다. 수업 시간을 1시간 30분으로 하였더니 각 작품에서 각자에게 깊이 있는 질문과 응답을 다 들을 수 없다는 단점이 있었고, 충분히 작품의 반응을 나누지 못하는 아쉬움이 있었다. 또한 필자가 질문을 하면 어떤 참여자는 늘 먼저 손을 들고 대답을 하고 자기 서사를 이야기하였지만, 어떤 참여자는 필자가 지적하여 질문할 경우에만 간신히 대답하는 경우도 있었다. 참여자의 학력, 성격에 따라 교육 참여도에 차이가 나타나는 것을 확인할 수 있었다. 그러나 대답을 많이 하지는 못하였으나 웰다잉 교육을 1차로 받은 참여자들로서 설화를 활용하여 심화 교육을 받았으므로 자기 서사를 생각해볼 수 있는 기회를 제공한 것은 의의가 있었고, 프로그램이 끝나고 개인적으로 남아서 자신의 문제에 대해 질문하는 경우가 있었다.

2) 일대일 상담 프로그램으로 진행할 수 있다

일대일 상담으로 진행할 때는 겉으로 호소하는 문제 서사가 없는 일반인뿐만 아니라 특정 심리적 어려움을 호소하는 참여자에게도 집중 서사 상담이 이루어져서 개인 상담으로서 유효성이 있다고 할 것이다. 죽음과 관련된 문제를 가지고 있는 특정인, 즉 사별 가족 혹은 자살 시도 경험이 있거나 자살 고위험군에 이 프로그램을 적용하기에도 적합하다고 할 수 있다. 이러한 경험이 있는 사람들은 자신의 서사에 대해 표현하는 것을 두려워하거나 어려워하는데, 다양한 작품 서사와 웰다잉 활동으로 연계된 본 프로그램은 다양한 서사의 길을 내는 데 도움을 줄 수 있기 때문이다. 이런 특정인을 대상으로 상담 및 교육 프로그램을 진행할 때는 무엇보다 삶과 죽음에 대한 깊은 성찰과 전문 교육을 받은 연구자(상담자)의 전문적인 자질이 요구된다.[199] 자살 고위험군을 대하는 자살 예방 관련 전문지식이 필요하기 때문이다.

---

199) 필자는 한국자살예방협회·중앙자살예방센터에서 시행하는 한국형 표준자살예방프로그램 교육을 이수하였으며 자살 방지 교육사, 자살 예방 전문강사 자격증이 있다.

D 복지관에서는 70대 5명, 80대 3명을 대상으로 5회기를 일대일로 진행하였다. 집단 프로그램으로 진행할 예정이었으나 코로나 19 감염병 확산으로 집단 수업이 어려워짐에 따라 일대일 정서적 지원 프로그램으로 진행하였다. 참여자 중에 문해력이 낮은 노인 2명은 자신들이 배우지 못한 것에 한이 있었는데, 그동안 다른 프로그램에 참여하면서 문해력이 낮다 보니 수업 시간에 자신의 뜻을 자신감 있게 표현하지 못했고, 늘 주눅이 들어 있었다고 고백했다. 그러나 이번 프로그램은 일대일 상담 교육으로 진행을 하면서, 설화를 통한 옛날이야기를 듣고 자기 이야기를 마음껏 하며 스스로 자기 문제를 확인하고 또 지지하고 인정받는 것을 통해 정서적으로 해소하게 되어 만족해했다. 고생하며 살아온 지난날을 이야기하며 열심히 자식을 위해 평생을 살았는데 지금 얻은 것은 허리가 굽어지고 온 골격 마디마디가 굽어진 아픈 몸이라고 했다. 그렇지만 거칠고 투박한 손과 굽은 허리를 가진 80대 참여자는 내면이 강하고 당당한 모습이었다. 그동안 자신이 고생하며 살아온 삶이 헛되지 않았음을 자식들의 성공이나 잘사는 모습을 통해 위로받고 있었다.

3) 문해력이 낮은 사람들을 대상으로도 본 프로그램이 용이하다

문해력이 낮은 노인과의 프로그램에서는 '손 그리기', '가계도 그리기', '꽃 그림지 색칠하기' 등 미술치료나 예술치료 기법을 더 많이 활용하였다. 그러나 5회기의 프로그램으로도 짧은 시간에 자신의 삶을 회고하고 문제 서사를 확인하는 데 도움이 되기는 하였으나 죽음에 관해 깊이 있게 다루기에는 아쉬움이 남았다. 살아온 삶이 길고 그 세월만큼 굴곡이 많은 70대, 80대 참여자들은 자신들의 할 얘기가 너무 많았다. 필자로서는 그 얘기에 다 귀 기울여주고 지지해주는 역할이 중요했다. D 복지관에서 7명은 이렇게 5회기로 프로그램을 진행했으나 자살 고위험군으로 밝혀진 80대 참여자는 회기를 연장하여 10회기로 진행하였고, 삶과 죽음의 관계나 그에 대한 이야기를 작품 서사를 통해 다각도로 나눌 수 있었다. 따라서 문해력이 약한 대상이나 노인들에게도 본 설화를 활용한 웰다잉 교육 프로그램이 유용할 것으로 확인된다.

4) 본 프로그램에 사용된 설화를 그대로 활용해도 되고, 주제에 따라 유사한 다른 설화를 사용해도 된다

전체 프로그램의 주제 중 '지난 삶의 회고를 통한 자기 발견'에서

2강 '나의 가치관 발견'의 주제에서는 「복 빌린 나무꾼」을 활용하였다. 중년, 노년의 참여자들 반응을 확인했을 때 복에 관한 참여자의 태도나 가치관을 살펴볼 수 있었고, 삶의 회상을 통해 자신의 태도를 직면하며 재구성할 수 있었다. 그러나 「복 빌린 나무꾼」은 노년, 중년을 대상으로 나의 가치관 발견을 다루기에는 적합하였지만 성인 초기 20대를 대상으로 하였을 때는 서사적 맥락이 보다 현실에 와닿을 수 있는 작품으로 변화를 주는 것이 더 효과적으로 보인다. 따라서 성인 초기 20대를 대상으로 프로그램 설계 시 MMSS 「내 복에 산다」, 「농부의 아들」, 「잭과 콩나무」를 활용하면 서사적 내용이 20대 특성에 더 맞아서 주제적 요소가 더 드러날 수 있을 것이다.

'죽음 인식'과 관련된 내용에서 4강 '죽음 이해'는 「바리공주」를 활용하였고, '애도 상실의 중요성'은 「신데렐라」를 활용하였다. 「바리공주」는 죽음 관련 다양한 요소를 가지고 있어서 죽음의 이해를 위한 작품으로 선정하였다. 부모에게 버림받은 바리의 서사적 이해에서 버림받음이 곧 죽음과도 같은 것이었음을 인식하는 것과, 저승으로 부모를 위해 구약 여행을 떠나는 서사와 죽을 고비를 넘기고 다시 부모를 살리는 서사, 또 부모의 입장에서 죽었다가 다시 살아난 서사, 부모를 위해 저승으로 떠나지 않은 서사 등 죽음과 관련된 모티프가 많아서 관련 내용을 활용하고자 하였다. 죽음의 여러 다른 양상과 죽음에 대해 보다 깊은 사유를 할 수 있는 작품이다. 그러나 실행에서는 해당 작품의 주인공과 관련된 인물들의 죽음 서사를 충분히 반영하지 못했다. 그래서 참여자가 죽음 서사보다는 부모에게 버림받은 서사나 다른 문제 서사에 더 집중하는 측면이 있었다. 따라서 「바리공주」의 서사적 맥락에 따른 죽음 관련 모티프와 인물들에 따른 죽음 서사를 잘 활용하기 위해서는 「바리공주」의 작품 내용을 죽음 관련 요소로 나누어서 추가적인 질문을 집중적으로 심도 있게 함으로써 죽음에 관한 사유할 수 있는 시간을 제공하도록 하는 것이 효과적일 것이다.

7강 '장례와 장묘'의 주제와 관련해서 「사람 살리고 얻은 명당」을 통하여 장례와 장묘를 생각함으로써 자신의 장례와 장묘 방식에 대해 준비할 수 있다. 「사람 살리고 얻은 명당」의 작품 서사 중 명당이라는 화소를 매개체로 하여 장례와 장묘를 연결하고자 한 것이다. 「사람 살리고 얻은 명당」의 작품 서사는 아버지의 묫자리를 찾으러 다니다가 주인공이 오래전에 착한 행실로 은혜 입은 사람을 통해 명당을 얻게 된다는 이야기이다. 이 설화는 명당의 화소를 활용하기는 하였으나 주인공의 착한 행실에 대한 참여자들의 자기 인식이 더 많이 확인되면서 오히려 주제적 요소가 더 많이 드러나지 않은 부분도 있었다. 노인이나 중년은 '명당'이라는 화소만으로도 죽음 준비와 관련하여 자신의 장례와 장묘 등을 생각해볼 수 있었다. 노인들은 '명당'이라는 화소만으로도 자신 부모의 장례와 묘 등의 경험을 이야기하였고, 자신의 묫자리도 미리 다 생각해두었다는 경우가 있었다. 그러나 성인 초기의 20대를 대상으로 장례와 장묘 주제를 다룰 때는 장례와 장묘 내용이 확연히 드러나는 설화의 다른 작품을 활용하는 것이 주제를 효과적으로 드러나게 할 수 있을 것으로 사료된다. 20대 성인 초기 연령대는 2회기 '나의 가치관 발견' 주제에는 「내 복에 산다」로 변화를 줄 수 있고, '용서와 화해'의 주제에는 「역적누명과 회초리」로 변화를 주어 실시할 수 있다.

이상의 프로그램 수행 내용을 바탕으로, 설화 작품 서사를 축으로 한 문학치료 활동이 웰다잉 교육과 상담 프로그램의 새 지평을 열어서 죽음 관련 문제 서사가 있는 자살 고위험군의 자살 예방과 사별 상실로 인한 고통을 겪는 상실 애도 치유에 도움을 주고, 죽음의 질과 삶의 질을 높일 수 있는 평생교육으로서 일반인 누구에게나 유의미하게 적용될 수 있으리라 기대된다.